LARGE PRINT
GREAT BIG
WORD-FINDS™

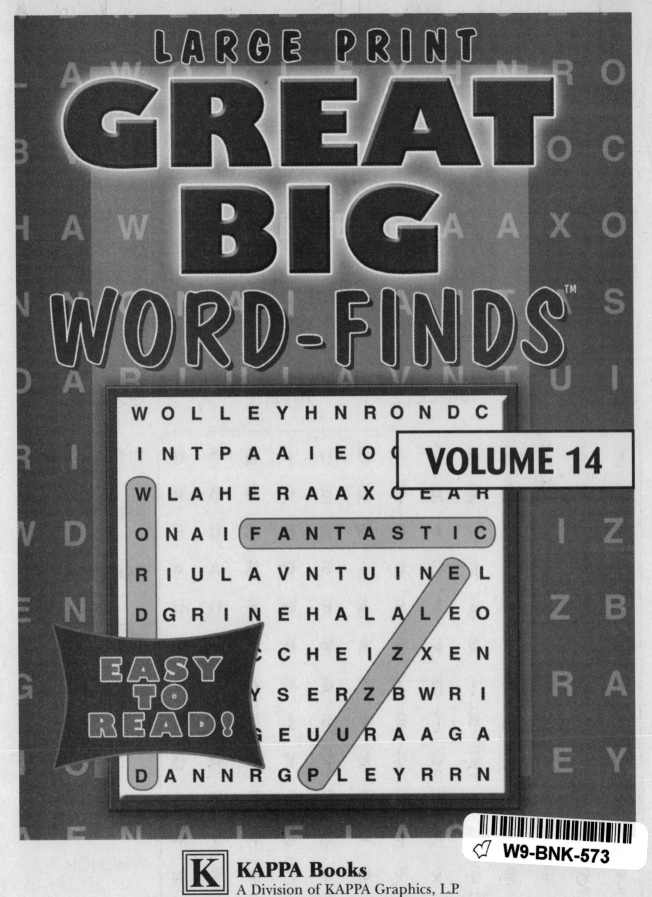

VOLUME 14

```
W O L L E Y H N R O N D C
I N T P A A I E O
W L A H E R A A X O E A R
O N A I F A N T A S T I C
R I U L A V N T U I N E L
D G R I N E H A L A L E O
  C C H E I Z X E N
  Y S E R Z B W R I
  G E U U R A A G A
D A N N R G P L E Y R R N
```

EASY TO READ!

KAPPA Books
A Division of KAPPA Graphics, L.P.

W9-BNK-573

ADZE	DUCT TAPE	MEASURING	RULER
AWL	FILE	TAPE	SANDER
BOLTS	GLUE GUN	NAILS	SAW
CHISEL	HAMMER	PLANE	SCREW-
CLAMP	LEVEL	PLIERS	DRIVER
DRILL	MALLET	RIVET	SCREWS

```
E P A T G N I R U S A E M
P N U G E U L G Q C O Z E
A T E S Q L E W O R T D R
C E I H L E L I F E M A A
L V R A E L P A P W E O U
A I E M S L S A M D Y N Q
M R L M I H T H A R A L S
P D U E H T C P O I L R S
Y L R R C O S N L V A W R
K S A U J W U S E E E Q A
R E D N A S A B H R V L E
S O C K E T K S C F W E L
F D M B O L T S D R I L L
```

SHEARS

SHOVEL

SOCKET

SPADE

SQUARE

TROWEL

VISE

WRENCH

BANK   MOUNTAINS   RAPIDS   STREAM

BED   MOUTH   RIVER   TRAVEL

CHANNEL   OCEAN   SNOWFIELD   WATERFALLS

CURRENT   POWER   SOURCE

FERTILE   RAINFALL   SPRING

FLOOD

FLOWS

GLACIER

HILLS

LAKE

LARGE

```
Y P D B F T C G A E P E N
H M P K L R V Q P W G Y F
R X N O O A S O U R C E I
L A J M W V E K A L R S D
B H P F S E W L Y T T L K
G T I I T L R D I R E L W
N U N L D H L L E I N A J
I O F E L S E A F B A F D
R M H N R S M W F E O R O
P W H N W R O Z M N I E O
S N I A T N U O M V I T L
C T L H S S O C E A N A F
G L A C I E R R S I S W R
```

PUZZLE 3 SO MUCH TO DO

ALBUMS   CHECKERS   DOMINOES   MOVIES

ANAGRAMS   CHESS   EMBROID-   LETTERS

BACKGAM-   CROSS-   ERY   MAGAZINES

MON   WORDS   GAMES   MODELS

CASINO   DARTS   HOME   NAPS

```
B A C K G A M M O N L R L
Y O C H E S S W L T N Y T
R K N S E I V O M E M O H
E S W E Y C G N W L S W L
D G A M E S K S G E S Z E
I O M D L D P E A V O S T
O U M E O A L N R I T T
R Q D I P N A E J S D R E
B O X E N G I Y P I A A R
M U R C R O S S W O R D S
E S P A N I E V A N I S W
I S M U B L A S M C D N A
W S E N I Z A G A M C R T
```

NEEDLE-

POINT

NEWS-

PAPERS

RADIO

RUMMY

TELEVISION

PUZZLE 4   COIN SHOP

ANCIENT   MINT   PROOF   SETS

BULLION   NICKELS   QUARTERS   SILVER

CHANGE   OUNCE   RARE   TRADE

COLLECT   PENNIES   ROUND   VALUABLE

COMMEM-

ORATIVE

COPPER

DIMES

DOLLARS

GOLD

METAL

```
Q E T N I M S C R H D R E
Q T G C M L N E M E B M V
X X W N E X V B I C U A I
Q V H K A L F P E N L D T
P U C B I H L A R U L L A
E I A S T R C O A O I O R
N L R R O A S B C T O G O
N V A U T Q L C R L N F M
I D N T N E I C N A A U E
E D O L L A R S T T R X M
S S E M I D T S H E D E M
H V M B F E A C W M G V O
H T K L S J T R E P P O C
```

VOLLEYBALL

ACROSS	CENTER	HANDS	PLAY
ARMS	COURT	HIT	POINT
ATTACK	DIVE	LEAP	READY
BACK	EXERCISE	LEFT	POSITION
BLOCK	FORWARD	NET	RIGHT
BUMP	GAME	OVERHAND	ROTATION

```
E  R  G  C  S  W  G  S  V  M  A  E  T
B  Z  A  T  N  I  O  P  P  Y  V  U  E
T  E  M  R  R  G  T  H  G  I  R  N  X
V  R  E  K  M  U  U  N  D  T  K  D  E
N  O  I  T  I  S  O  P  Y  D  A  E  R
Y  C  L  L  J  I  E  C  S  P  V  R  C
A  S  E  L  T  C  D  S  D  N  A  H  I
L  A  F  A  E  J  I  R  E  F  A  A  S
P  W  T  N  K  Y  S  T  A  T  V  N  E
E  O  T  C  N  X  B  J  T  W  I  D  R
R  E  O  V  E  R  H  A  N  D  R  H  V
R  L  S  S  O  R  C  A  L  Q  G  O  E
B  U  M  P  N  K  C  A  B  L  E  U  F
```

SCORE

SERVE

SIDE OUT

SPIKE

TEAM

UNDERHAND

VOLLEYBALL

HOLDERS

BASIN

DRAWER

PLATE

VASE

BASKET

ENVELOPE

POUCH

VAULT

BEAKER

KETTLE

STEIN

VIAL

BOTTLE

KNAPSACK

THERMOS

WALLET

BOWL

PITCHER

TRUNK

CANTEEN

CARTON

CASK

CAULDRON

CISTERN

CRATE

DECANTER

DIPPER

```
O Q T E U B E A K E R N X
B B R P O Z E T A R C Q R
A O E T J R E P P I D K N
S W T H E R M O S S M E E
K L N W H I U N N V N T E
E K A O N C W R O V C T T
T R C I H V E A E T K L N
D Q E A S T W L L Y R E A
H T D H S N O R D L U A C
S L R I C P I B C L E S C
W U C U E T A S P L A T E
V A S E N A I N A L J I K
F V C A S K P P K B V C V
```

HIMALAYAS

ASIA

AVALANCHES

BARBERRY

CLIMBERS

CREVASSES

EXPEDI-

TIONS

FORESTS

GLACIERS

INDIA

LEOPARDS

MONKEYS

MOUNTAINS

MOUNT

EVEREST

NEPAL

PAKISTAN

PASSES

PEAKS

RANGES

ROCK SPRAY

SHRUBS

SLOPES

STEEPNESS

YAKS

YETI

```
R  S  Y  S  C  G  L  A  C  I  E  R  S
L  A  P  E  N  S  D  R  A  P  O  E  L
S  L  N  A  T  I  Y  H  E  I  S  A  S
N  X  B  G  K  I  A  A  O  S  D  E  C
O  S  S  Z  E  I  K  T  A  U  H  N  L
I  T  T  Y  T  S  S  V  N  C  R  L  I
T  S  E  R  E  V  E  T  N  U  O  M  M
I  E  E  R  S  R  A  A  A  S  O  O  B
D  R  P  E  C  H  L  I  E  N  N  M  E
E  O  N  B  Y  A  R  P  S  K  C  O  R
P  F  E  R  V  L  O  U  E  A  P  D  S
X  E  S  A  Y  L  H  Y  B  R  V  Q  P
E  Y  S  B  S  S  S  P  A  S  S  E  S
```

PUZZLE 8   PASSAGEWAYS

AISLE   HIGHWAY   MINE   STRAIT

ALLEY   INLET   OVERPASS   STREET

ARCADE   LANE   PATH   TRESTLE

ARCHWAY   LOBBY   ROAD   TURNPIKE

AVENUE   MANHOLE   SLUICE   VIADUCT

BREEZEWAY

BYPASS

CANAL

CHANNEL

CHUTE

CONDUIT

CORRIDOR

DRIVEWAY

HALL

```
Y A W E Z E E R B C E E C
Z R N T R L E N N A H C H
V C C X O D O S T R A I T
Z H O H D V A B M P R U E
P W N M I N E O B D B L E
F A D T R B V R R Y E S R
M Y U E R E K I P N R U T
H S I L O E V A A A E P S
A H T N C E S L I D S Y C
L T A I W S L T A S U S H
L A N A C E K C L W L C U
N P Y J Y L R Y X E N E T
H I G H W A Y A V E N U E
```

PUZZLE 9   THE FRIDGE

APPLIANCE   DEFROST   FREEZER   LIGHT

COLD   DIALS   ICEBOX   MEAT

CORD   DOOR   ICE CUBES   MILK

DAIRY   DRAWERS   KITCHEN   ROOMY

```
D Q S V P X K S L W T A R
T A T S O M R E H T S O O
F N I B E E A C K A O A O
A R E R W T G N K M R Q D
R C E A Y V T A Y Z F D K
I G R E S L A I D L E C T
B D F M Z X C L N I D U T
S H E L V E S P E G E K V
I Y R N C C R P H H S U J
T S A U O E W A C T R C Y
D I B R T A E M T O S N F
Y E D S T B K L I M L Y W
S T O R A G E X K W V D R
```

SETTINGS

SHELVES

STORAGE

THERMO-

STAT

TRAYS

PUZZLE 10   I'M HOOKED!

ATTACH   FUSE   LATCH   SNAP

BIND   GLUE   LOCK   SOLDER

BOLT   HITCH   NAIL   TACK

BOND   HOOK   RIVET   TAPE

BRACE   JOIN   SECURE   WELD

BUCKLE

BUTTON

CEMENT

CLAMP

CLASP

CLINCH

CLIP

CONNECT

```
W P Q P B H D J F K E H O
C S A A F R R E D L O S X
T E U N U T A C K R Y O T
A C M P S A L C I B B H H
P U E E E K U V E O C I G
E R D N N B E K L N D T C
K E I O N T P T I D C H K
C O J T N O C L A M P C B
J A A T T A C H Q C O T Z
Z X K U W G I D C L D A S
Y R W B W E U L G T N L X
X Y J L N J L G C L I P R
H G Q T U B S D G E B H G
```

REAL ALLURE

ACHE	ATTRACT	EAGER	IDOLIZE
ADMIRE	CHOOSE	FANCY	LANGUISH
ADORE	COVET	FIRE	LIKING
AMBITION	CRAVE	HANKER	LONGING
ARDOR	CRUSH	HOPE	LOVE
ASPIRE	DREAM	HUNGER	PARTIAL
			PENCHANT
			SET ON
			STARVED
			URGE
			WORSHIP
			YEARN
			YEN FOR

```
T N A H C N E P N N E C X
C O E A G E R H C R U S H
A I F H P W S Y C N A F E
R T P U C I D O L I Z E C
T I Y N U A H H O P E R Y
T B E G K M A S H H A O W
A M N E N S G A R V C D G
V A F R P I N O E O E A N
L X O I M K G A C V W U I
N D R A E R X N R O E R K
Q E E R I M D A O D V G I
L R I P A R T I A L O E L
D F W A K S E T O N L R T
```

PUZZLE 12

BIOLOGY

AMINO ACID   HIBERNATE   MOLT   TION

BACTERIA   IMPRINT   PECTORAL   SPORE

BONE   MANDIBLE   PUPAE   TETRAPOD

CARTILAGE   METABOLIZE   RESPIRA-   VERTEBRATE

CHROMO-

SOME

EXOSKELE-

TON

GENE

GILL

GIZZARD

```
N A R N H J X G B H T E T
B Y A O A I R E T C A B N
B W M T Y U B N Y T U O I
Q O I E T D N E E L I C R
K K N L M Q R T R T E I P
M L O E H O R A A N G D M
A M A K P A S R Z I A V I
N O C S P U I O L Z L T L
D L I O U P P L M W I B E
I F D X S T T A M O T G Z
B X I E T A R B E T R E V
L A R O T C E P A U A H D
E Z I L O B A T E M C S C
```

SETTERS

AFFECTION-	DOGS	FUR	HUNT
ATE	EARS	GORDON	IRISH
BLACK NOSE	ENGLISH	GRACEFUL	MUSCULAR
CHESTNUT	FRIENDLY	HAZEL EYES	PET

E	D	M	T	F	L	L	I	B	E	I	I	O	RED
T	E	P	U	V	Y	K	L	I	S	H	R	J	
A	A	B	V	S	Z	A	D	F	Y	A	I	H	SHOW
N	G	G	R	A	C	E	F	U	L	Z	S	C	
O	E	A	G	K	T	U	N	T	S	E	H	C	SILKY
I	D	Q	N	R	Y	O	L	Y	D	L	S	O	
T	V	O	A	I	D	T	L	A	W	E	I	U	STAMINA
C	S	I	G	R	M	D	I	B	R	Y	L	F	
E	N	G	O	S	N	A	E	L	L	E	G	U	TRAIN
F	G	G	H	E	V	T	T	R	A	S	N	D	
F	P	O	I	R	X	R	N	S	U	T	E	M	VITALITY
A	W	R	U	N	H	U	U	F	C	L	I	K	
S	F	Q	A	H	H	F	H	S	R	A	E	V	

BOAT SHOW

BARGE	MOTORBOAT	SCULL	TUGBOAT
CANOE	RAFT	SKIFF	YACHT
CATAMARAN	ROWBOAT	SLOOP	YAWL
CRUISER	SAILBOAT	SPEEDBOAT	
DORY	SCOW	STEAMBOAT	
GONDOLA			
HYDRO-			
PLANE			
KAYAK			
LIFEBOAT			
LONGBOAT			

```
A E Z V S C O W S C M E O
X T E C C R U I S E R O U
M B U F Y A C H T I A N S
E L A F E T M T E T S A T
L N A R A M A T A C I C A
L W A Y G O A O M L Q O O
I D J L B E B L B G R R B
F O O G P D E O O G X S W
E F U R E O A N A D N L O
B T I E Y T R T T V N O R
O I P K P B F D Q V R O L
A S H D S A K A Y A K P G
T A O B R O T O M H R E Z
```

AMOUNT   BROKER   DEBT   LOSS

ASSET   BUYER   DIVIDENDS   MARGIN

BONDS   CHECK   FEES   MARKET

BONUS   COST   INCOME   SAVE

BORROW   CREDIT   LOAN   SELL

```
I N P C K H A F V H L N B
F B T E K R A M E B L M E      SHARE
E X C S Y R A E O E E Q S
N T I D E R C R R U S D A      TARIFF
P A K I G R R A B O N D S
O U O I D O H H B E J T S
T R N L W S I K D U X A E      TAXES
C H E C K F U I R H Y X T
V I G K D F V N S A V E F      YIELD
Y K L E O I S C O S T S R
B I B S D R A O B B S X J
B T D A E A B M O O G J G
G Q V G E T I E L W F I X
```

PUZZLE 16   CALENDARS

AIRPLANE	HOLIDAY	PRESIDENTS	TACKS
ANIMALS	HORSES	SEASON	TAPE
ANNUAL	MONTH	SQUARES	WALL
BIRDS	OFFICE	STAMPS	WINTER
BOATS	PAGES	STARS	YEAR
BRIDGES	PICTURES	STATUE	
CARS			
CATS			
CITY			
COLOR			
COUNTRY			
DATE			
DESK			
DOGS			
FLOWERS			

```
S G O D G P D A T E U H F
T E T Y A N I M A L S Y S
N W R A T R L C K S E D R
E A M A P I E U T A T S A
D L Y L U E C A R U E V T
I L A D H Q C F S A R A S
S N D U T W S L S E C E S
E E I F N I P O K K G P S
R C L Z O N N W S D M A H
P I O C M T A E I A U Q P
F F H L A E Y R T N U O C
G F G K O R B S T A O B J
M O P H O R S E S D R I B
```

LOOK HERE

BEHOLD	GAPE	GLIMPSE	OGLE
DISCERN	GAWK	GOGGLE	PEER
ESPY	GAZE	INSPECT	REGARD
EXAMINE	GLANCE	NOTICE	RUBBER-
EYEBALL	GLARE	OBSERVE	NECK

```
U K E S P M I L G E H M N        SCAN
G W O G A G L O G V X A M
Y A D C L A K Y W I C Z O        SCRUTINIZE
D G Z A B A T O P S R S B
L I R E Z I N I T U R C S        SEE
O E Y E N W F C B A E C E
H E H J T R I B E L G Y R        SPOT
E X A M I N E T E I A P V        SQUINT
B K G X S R I C N Z R S E
R E E P N O I U S E D E P        VIEW
L Q E E M T G S Q I S W A
G C C G O G G L E S D S G        VISUALIZE
T K G N P Z V I E W Y E X        WITNESS
```

PUZZLE 18   ART WORLD

CHARCOAL   PIECE   PALETTE   TECHNIQUE

COMPOSI-   MODERN   PASTEL   WATER-

TION   MURAL   PORTRAIT   COLOR

DESIGN   NATURALISM SHOW

EASEL   OILS   SURREALISM

ETCHING

FIGURES

GALLERY

HUES

IMPASTO

LANDSCAPE

MASTER-

S	W	A	U	S	E	R	U	G	I	F	J	C
M	R	O	L	O	C	R	E	T	A	W	O	U
G	S	E	H	Q	E	X	I	C	Z	M	L	N
A	N	I	H	S	I	M	H	P	P	S	G	B
L	V	I	L	Q	P	A	O	O	I	I	W	E
L	S	X	H	A	R	P	S	D	S	L	P	U
E	L	I	S	C	E	I	A	E	E	A	R	Q
R	I	T	O	A	T	R	D	L	C	R	X	I
Y	O	A	S	I	S	E	R	S	E	U	N	N
R	L	E	O	G	A	E	D	U	M	T	W	H
T	L	N	J	P	M	N	U	P	S	A	T	C
P	O	R	T	R	A	I	T	H	N	N	E	
M	U	R	A	L	E	T	S	A	P	V	C	T

JUST A FAN

ADJUST	CENTRAL	HOME	OUTLET
BLADES	CIRCULATE	METAL	PLASTIC
BLOW	COOL	MOTOR	PLUG
BREEZE	FLOOR	MOUNT	ROOM
CEILING	HANG	OSCILLATE	ROTATE

SPACE

SPEEDS

SWITCH

TURN

WALL

WIRES

```
U G M G Z T N U O M G F B
F H C T I W S S L N O G M
E Z E E R B C G A A N O I
B T L E D I G H O I T C R
E L A B L O W U L O T E U
S C A L R A T I R T S N M
D R A D U L E U S J U T G
E T O P E C E E R H J R U
E R Y T S S R Z C N D A L
P O K W A I C I T S A L P
S O A C W T B H C O O L U
R L T H O M E K Z I F A K
L F N J K Y F T A Y T R C
```

PUZZLE 20   STUDENTS...

ANALYZE   FIGURE   READ   SURMISE

ANSWER   INTERPRET   REASON   THEORIZE

CALCULATE   MEMORIZE   RESEARCH   WRITE

COMPOSE   PRACTICE   SPECULATE

COMPRE-   QUESTION   STUDY

HEND

CONCLUDE

CRAM

DEBATE

DECIPHER

DISCUSS

```
D  I  S  C  U  S  S  U  R  M  I  S  E
N  L  D  E  C  I  P  H  E  R  S  T  S
E  T  E  R  P  R  E  T  N  I  A  U  O
H  R  E  W  S  N  A  X  C  B  A  D  P
E  O  L  C  M  L  R  O  E  Q  U  Y  M
R  T  R  E  U  E  N  D  U  Z  A  H  O
P  A  A  C  Z  C  M  E  A  R  N  C  C
M  F  L  L  L  I  S  O  N  F  A  R  X
O  A  I  U  U  T  R  O  R  A  L  A  R
C  H  D  G  I  C  S  O  D  I  Y  E  N
U  E  P  O  U  A  E  Z  E  A  Z  S  J
X  Q  N  H  E  R  P  P  X  H  E  E  S
E  T  I  R  W  P  E  W  S  Q  T  R  Q
```

BIG TOP   CIRCUS   LODGE   NYLON

BRACE   DOOR   LOOPS   OXYGEN

CABIN   FAMILY   MARQUEE   PEGS

CAMPER   FLAP   MEETING   PITCH

CANVAS   HOOKS   MESH   POLE

```
S G P H C T I P C T G S N
C A N V A S O R E A M R Y
R S K I L R K P E G B L L
E U H O T N E L O P S I O
E P O A E E U Q R A M M N
N P B S R G E M E S H A Y
S L B A H Y E M T K P X C
E Y U R X X L U B O A V I
J Q D R A O O I H O L T B
S U C R I C G J M H F F S
D O O R S T E G O A V I X
Z P Y L O D G E D F F H O
E W R P B X E U A L M L L
```

PORTABLE

ROPE

SCOUTS

SCREEN

SQUARE

STAKE

SUPPLY

TEPEE

PUZZLE 22   CRAFTY

APPLIQUES   PAINTS   SPONGES   VARNISH

BEADS   PATTERNS   STENCILS   WIRE

BOWS   RIBBON   STUFFING   YARN

BRUSHES   RUFFLES   THREAD

BUTTONS   SEQUINS   TWINE

CHARTS

DESIGNS

DRIED

FLOWERS

FABRIC

NEEDLES

```
N  A  U  S  N  O  T  T  U  B  Z  G  V
F  B  D  A  E  R  H  T  R  S  N  A  S
S  R  E  W  O  L  F  D  E  I  R  D  T
E  U  N  W  U  X  F  Q  F  N  I  K  R
U  S  I  G  Y  S  U  F  I  O  B  H  A
Q  H  W  S  S  I  U  S  U  N  B  C  H
I  E  T  I  N  T  H  U  B  R  O  N  C
L  S  F  S  S  G  E  C  X  E  N  E  P
P  A  I  N  T  S  I  N  W  D  A  E  T
P  A  T  T  E  R  N  S  C  I  R  D  J
A  V  V  C  B  R  W  B  E  I  R  L  S
Z  F  X  A  A  O  E  F  X  D  L  E  S
J  Y  F  Y  B  S  E  G  N  O  P  S  X
```

SKI JUMPING

ATHLETE   FLIGHT   HILL   SCORE

BALANCE   FORM   LIFT   SKILL

CRITICAL   JUDGES   OLYMPICS   SKIS

POINT   JUMPER   RAMP   SLOPE

DISTANCE   LANDING   RULES   SPEED

S	Y	D	T	R	O	P	S	O	M	F	Q	E
T	T	Z	E	C	N	A	L	A	B	F	R	F
L	H	A	K	E	T	B	A	Y	S	O	T	K
Q	E	G	R	F	P	T	N	W	C	E	L	G
J	J	C	I	T	H	S	D	S	C	K	L	E
W	U	L	N	L	I	U	I	H	H	A	I	N
I	M	D	E	A	F	N	N	B	I	T	K	M
N	P	T	G	O	T	I	G	Z	E	T	S	W
N	E	Y	R	E	Q	S	H	P	P	K	F	P
E	R	M	Y	U	S	K	I	S	O	M	K	O
R	U	L	E	S	T	B	L	D	L	I	A	K
O	S	C	I	P	M	Y	L	O	S	X	N	R
C	R	I	T	I	C	A	L	P	O	I	N	T

SPORT

STARTING

POINT

TAKEOFF

TECHNIQUE

WINNER

PUZZLE 24   AUTHORS

ASIMOV   HUXLEY   SAKI   WALKER

AUSTEN   JAMES   SAYERS   WELLS

BRADBURY   LEWIS   SNOW   WOOLF

BURGESS   MORRISON   STERNE

BUTLER   ORWELL   SWIFT

CONRAD

DEFOE

DICKENS

DOYLE

ELIOT

FORSTER

```
D  T  S  U  S  O  S  E  M  A  J  W  D
A  F  Z  S  B  R  A  W  L  D  L  O  E
R  I  X  T  E  R  Y  Y  E  I  Y  N  F
N  W  B  K  E  G  E  B  E  L  O  S  O
O  S  L  L  D  O  R  W  E  L  L  T  E
C  A  T  W  E  A  S  U  F  X  X  S  D
W  U  O  O  D  E  U  J  B  M  S  U  S
B  I  P  B  I  N  A  S  I  M  O  V  H
R  H  U  K  C  R  F  N  T  Q  X  R  E
G  R  A  P  K  E  G  L  L  E  W  I  S
Y  S  Z  R  E  T  S  R  O  F  N  Q  E
I  I  Z  H  N  S  Z  T  Z  O  T  O  P
X  V  N  O  S  I  R  R  O  M  W  X  A
```

BODY　　　　CURLERS　　　HOLD　　　　IZER

BOUNCE　　　CURLY　　　　LOOSE　　　PERMANENT

CHANGE　　　FRIZZY　　　LOTION　　　PROCESS

CLIP　　　　HAIR　　　　NEUTRAL-　　RINSE

X	E	P	I	L	C	T	V	F	T	R	Y	G
Y	P	S	E	C	N	U	O	B	E	V	E	M
B	K	E	O	Y	N	T	R	Z	O	Z	D	S
N	A	V	R	O	O	Y	I	L	C	Q	R	O
Z	T	A	W	M	L	L	R	H	E	O	V	L
H	H	W	H	R	A	B	A	C	L	R	S	O
Z	G	A	U	R	S	N	Y	L	Q	P	S	T
A	I	C	T	V	G	S	E	Z	D	W	E	I
R	T	U	T	E	K	R	Y	N	Z	L	C	O
K	E	L	Y	T	S	O	L	U	T	I	O	N
N	W	A	D	D	L	F	S	S	U	F	R	H
A	N	R	O	U	P	E	S	N	I	R	P	F
T	Z	R	B	A	V	Q	Y	Q	T	Z	U	O

RODS

ROLLERS

SALON

SOLUTION

STYLE

TIGHT

WAVE

PUZZLE 26 WRECK DIVING

ALGAE   FREIGHTERS   REFUGE   CREATURES

BARGES   HABITATS   ROUGH   SPONGES

BARNACLES   LAWS   BOTTOM   TREASURE

COASTAL   NATURE   SCUBA   WRECK

WATERS   REEF   SEA

CRAFT

CRANNIES

CREVICES

DEBRIS

EXPLORA-

TION

FLOOR

```
S R E T H G I E R F U N C
C E R U T A N R M L O O O
K N H Y I T B B O I A R X
F C I F F J A I T S A W O
S S E A C R E A T U R E S
C E R R G M R A O A Q R P
R C L E W O L D B L T U O
A D S C L W E V H G F S N
N Q U P A B F G G A Q A G
N R X T R N E L U E O E E
I E E I O J R B O F I R S
E R S S C U B A R O E T I
S E C I V E R C B A R R K
```

INSECT WORLD

ANTS   CRICKET   FLIES   LACEWING

APHID   DRAGONFLY   GRASS-   LOCUST

BEES   EARWIG   HOPPER   MANTIS

CICADA   FLEA   KATYDID   MOSQUITO

Y	R	W	Q	M	Q	O	L	T	I	N	T	K
S	E	J	I	P	T	S	U	C	O	L	Q	N
M	P	Q	A	X	D	I	D	Y	T	A	K	V
S	P	I	D	E	R	D	L	G	F	C	D	G
P	O	D	Y	B	F	F	V	U	S	E	I	Q
I	H	T	E	B	N	L	M	P	C	W	H	G
R	S	E	I	O	G	T	E	S	R	I	P	P
H	S	I	G	U	E	O	E	A	C	N	A	Z
T	A	A	T	R	Q	I	E	K	I	G	F	X
N	R	A	M	N	L	S	T	I	C	K	P	V
D	G	I	N	F	A	N	O	I	A	I	I	P
S	T	S	H	T	O	M	R	M	D	A	R	R
E	M	P	P	X	S	V	P	V	A	E	T	C

MOTHS

SPIDER

TERMITE

THRIPS

TICK

PUZZLE 28 GOODIES

BONBON   JELLYBEAN   MACAROON   PRALINE

BUTTER-   KISSES   MARZIPAN   TAFFY

SCOTCH   LICORICE   NUTS

CHERRY   LOLLIPOP   PEPPERMINT

S	Y	F	F	A	T	B	X	R	H	C	C	Q
H	E	M	A	C	A	R	O	O	N	H	C	O
H	C	S	T	J	X	M	N	N	E	O	O	K
V	Q	T	S	L	E	E	Q	R	B	C	C	M
Y	D	F	O	I	Y	L	R	R	Z	O	O	A
X	T	W	B	C	K	Y	L	C	E	L	N	R
L	P	I	O	O	S	E	Z	Y	C	A	U	Z
J	Q	M	N	R	N	R	B	R	B	T	T	I
W	B	T	N	I	M	R	E	P	P	E	P	P
C	R	L	L	C	V	M	L	T	M	S	A	A
G	L	A	C	E	E	I	I	I	T	T	L	N
U	R	V	U	S	E	I	D	H	K	U	O	Q
P	O	P	I	L	L	O	L	F	L	N	B	I

CHOCOLATE

COCONUT

CREMES

DIVINITY

GLACE

HONEYCOMB

SOIL SUBJECT

APPEAR-

COLOR

DEPTH

LAND

ANCE

COMPOSI-

ELEMENTS

LAYERS

CARBON

TION

EROSION

NITROGEN

DIOXIDE

COVERING

GASES

NUTRIENTS

CHEMICALS

DARK

GRAVEL

REACTIONS

ROUGH

STRUCTURE

TEXTURE

THICKNESS

```
C M N S S E N K C I H T A
D A R I F L G Z N W S B P
C M R H T R A O G X E J P
Q O E B A R I C N A S R E
K W L V O S O K I T A O A
H P E O O N J G R M G U R
L L M R R O D U E A E G A
P X E D U I C I V N D H N
X K N O I T I S O P M O C
B A T S U C X Z C X W W E
L X S R L A Y E R S I A I
E C E C H E A H T P E D R
S T N E I R T U N H I D E
```

PUZZLE 30   SO COOL!

ACES	HOT	OUTRA-	SUPREME
BAD	IMPRESSIVE	GEOUS	TOPS
BONUS	MIND-	RADICAL	WILD
BOSS	BLOWING	RIPPING	WOW
CHOICE	NIFTY	SUPER	
DYNAMITE			
EXCELLENT			
EXTREME			
FANTASTIC			
FINE			
GONE			
GREAT			

```
G N I W O L B D N I M P I
R G M S P F L O B O N U S
E S P D E E I H S T R U Z
A X R R Z M X N E S P M S
T A E B E Y E X E R C R U
N E S T T P C R E I G F O
S F S F I E U M T Y O C E
L O I F L M E S Q X N H G
T N V L W X A W O W E O A
Z S E C A T G N I P P I R
P N T D N E K L Y H S C T
T P L A C I D A R D O E U
J D F B D X E X S P O T O
```

PUZZLE 31   RURAL CABINS

BASIC   FLOOR   PLAIN   SHELTER

CHIMNEY   HOME   RAFTERS   SHUTTERS

DOOR   HOUSE   REMOTE   SIMPLE

ENTRANCE   ISOLATED   ROOF   SMALL

FIREPLACE   LOGS   RUSTIC   TIMBER

E	S	W	R	U	I	S	N	U	Y	K	C	U
C	H	R	O	K	H	V	M	E	S	U	O	H
A	U	U	O	E	F	Q	N	A	D	O	H	Q
L	T	S	L	K	N	M	Q	R	L	O	G	S
P	T	T	F	S	I	T	O	F	M	L	O	F
E	E	I	V	H	R	O	R	E	O	L	Y	W
R	R	C	C	I	D	E	T	A	L	O	S	I
I	S	I	M	P	L	E	T	P	N	L	R	N
F	C	I	S	A	B	I	S	F	L	C	F	D
Y	M	E	T	O	M	E	R	A	A	A	E	O
N	J	A	L	B	S	E	W	D	Q	R	I	W
I	Q	F	E	W	K	X	W	Y	C	F	E	N
T	N	R	H	F	P	D	B	I	G	M	D	X

TINY

WALLS

WINDOW

WOODEN

PUZZLE 32 — AUTO RACE

CARS   PIT STOP   SPONSORS   TRACK

CAUTION   POSITION   START   VICTORY LAP

DRIVERS   RACE   TEAM   WINNER

FANS   SPEED   TELEVISED

FAST

FIELD

FINISH

FLAGS

LOUD

PACE

PIT CREW

```
G J D E E P S M T O C P B
H S I R P W E R C T I P V
D G R T I O B W C E A F K
U A X O Y V T C X L B I O
O L C O S O E S Y E H N U
L F H E C N W R T V O I L
P O S I T I O N S I K S Y
F S G R N T I P T S P H K
Y I A N C A R U S E N M M
S C E I C P A T C D F A P
E R V L U C A A K I A U F
T E A M D R P I W C S G Y
D B E C T T K C A R T J W
```

PUZZLE 33 ICE FISHING

AUGER COLD WARM HEATERS

BAIT DAYTIME DROP HOLE LAKES

CHISEL DEPTH FLOATS LURES

CHOPPERS FINDER GAS REEL

CLEAR ICE DRESS LANTERNS RODS

```
N L D L A K E S V Z O A K
V S C R E T L E H S P F E
D S H P E K T A L A X N M
G E O P F S U E J D C C A
A N P Y K G S E R U L K H
J K P T E I P W J E S O S
S C E R H M K M A R I D C
T I R C G F I R E R O J S
A H S X A M I T E R M B E
O T Y O O C A N Y V W A K
L H J R E E L P D A O I I
F E L O H P O R D E D T P
O T G A S L A N T E R N S
```

SHACKS

SHELTER

SPIKES

STOVE

THICKNESS

AMERICA	LIVE BIRTH	MILK	SUGAR
AUSTRAL-	MAMMAL	OPOSSUM	GLIDER
ASIA	MARSUPIAL	PLATYPUS	WALLABY
BANDICOOT	WOLF	POUCH	WOMBAT
DESERT			
ECHIDNA			
FOREST			
FRUIT BAT			
FUR			
KANGAROO			
KOALA			

```
F L O W L A I P U S R A M
A I S A L A R T S U A P R
Z H K H X L Q O L G B L K
E R X A C I R E M A B A O
T Y Z L K U C G N R N T C
L B E O I H O D T G D Y Z
Q A A S I V I P A L W P M
K L M D D C E R B I O U U
A L N M O E O B T D M S S
F A I O A O S T I E B J S
L W T M L M B E U R A T O
O M W U Q A F U R I T N P
B C E T S E R O F T V H O
```

DISTANCES

ACREAGE	CUBIT	BREADTH	KILOMETER
ARPENT	DEPTH	HECTO-	LATITUDE
BOARD FOOT	DIAMETER	STERE	LEAGUE
CABLE	FURLONG	HEIGHT	LINK
CHAIN	HAND-	INCHES	LONGITUDE

MILEAGE

PACE

SPAN

WIDTH

YARDAGE

```
E E G A D R A Y I Q E H J
M D D S P A N C B W Z T Q
T I U U H M U I O V A D F
T A L T T B W O A C Q A H
B M P E I I Z I R H A E T
B E E T A T G E D E C R H
D T U I E G A N F T Y B G
L E G C U G E L O F H D I
I R A E E A V S O L C N E
N P E N A V T L T U C A H
K I L O M E T E R H R H A
G N O L R U F U E L B A C
A R P E N T J S J U F Z W
```

PUZZLE 36 — SOUP'S ON!

BLACK BEAN   MULLIGA-   PUMPKIN   SENEGAL-

CORN   TAWNY   RED   ESE

CRAB   MUSHROOM   SNAPPER   WATER-

CREAMED   MUSSEL   RICE   CRESS

CUCUMBER   ONION   SAUSAGE

ESCAROLE

FRUIT

GUMBO

HAMBURGER

KALE

LOBSTER

MINESTRONE

```
E J U R E G R U B M A H S
Y S A U S A G E D I D E L
B N C P U M P K I N N E O
R A W A T E R C R E S S B
E E R A R A B Q G S W L S
P B B C T O H A U T T M T
P K D M X A L M J R O G E
A C O D U E G E O O E U R
N A X N S C L I R N C M Q
S L K E O A U H L E I B Z
D B D R K P S C K L R O R
E H N T I U R F T M U Z N
R U D E M A E R C C B M W
```

BEGAN	CAUGHT	HEALED	SLEPT
BROWSED	CLIMBED	HEARD	SNOWED
BURNED	COOKED	LEARNED	STARTED
CARRIED	FOUGHT	MELTED	SWAM

```
P O C E D G L G Y B N S T
W R B Q K M D K W M A H H
A R S L E P T E A G G D R
S N H L D L Z W I U E E E
H C T E D E S W O R B T W
E E O E A A B H P D R R F
D J I O C R T M B U T A P
E G D H K N D H I H C T C
N W I S H E D S G L A S X
R O R Q W D D U A U C H M
U Z O O Y X A D E L A E H
B S N K T T H G U O F C K
W S G X T E D E I R R O W
```

TAUGHT

THOUGHT

THREW

WASHED

WISHED

WORRIED

WROTE

PUZZLE 38 DATE PALMS

BROWN   HANGING   PALMS   RUSSET

CLUSTERS   HOT   PRODUCING   SEEDS

COOKING   CLIMATE   RED   SWEET

DATES   OBLONG   RICH   TREES

DRIED   ORCHARDS   RIPENING

DRY

EATING

FLESHY

FRESH

FRUIT

GOLDEN

GROWING

```
C N C Y C P F F L E S H Y
Y S E Q R G E A T I N G M
Y V M Y S D R A H C R O Z
G N O L B O M O S D E E S
N N S F A I S C W Y T F O
I T I G L P E L E I G G H
G F N C O R T U E O N C Y
N L T C U L A S T I I G B
A O F S F D D T N R K B F
H C S R R Q O E N W O R B
Z E E I U T P R N Y O E X
T S E R D I L S P U C D J
H D L Q R Z T R E E S P N
```

LATE AGAIN

BLOCKED   CRAWL   JAM   RUSH

BUS   CROWDED   LATE   SLOW

CARS   DELAYS   MOVE   SNARL

CONSTRUC-   HORNS   PROBLEM   STALLED

TION   IMPATIENT   REPORT   STOPPED

```
C  D  E  D  W  O  R  C  M  P  I  L  N
L  O  U  I  V  J  L  V  C  R  O  V  E      TOOT
J  W  N  E  T  L  M  U  V  O  D  J  E
P  A  A  S  L  R  D  X  L  B  J  K  M      TRUCKS
T  I  M  R  T  P  U  N  C  L  D  J  C
B  T  A  O  C  R  K  C  J  E  U  A  X      VAN
U  N  V  D  S  Z  U  R  K  M  R  Q  D
S  Y  A  L  E  D  E  C  T  S  W  H  E
R  U  S  H  M  P  O  B  T  T  C  K  L      WAIT
Z  A  Y  O  O  L  P  Y  L  I  O  U  L
N  A  V  R  B  U  M  O  A  C  O  O  A
Y  E  T  N  I  M  P  A  T  I  E  N  T
N  X  E  S  L  O  W  A  E  S  Q  V  S
```

CALM DOWN

ABATE	MILD	RELAX	SERENE
BACK OFF	MITIGATE	RELIEVE	SILENCE
COMPOSED	MODERATE	RESERVED	SLAKE
CONTROL	PACIFY	REST	SLOW
DIMINISH	REDUCE	SEDATE	STILL
DOCILE			
DWINDLE			
EASE			
EBB			
EVEN			
FADE			
HUSH			
MEEK			

```
S I L E N C E H D N K S H
M Z L L E F S E K A L S W
D I I D N I F C C E U E O
T N T N N N G O X H D D L
S Y S I N G N M K A I A S
E J M W G T Q P E C L T F
R I B D R A S O N K A E B
D E L O D A T S E S E B R
Z I L P M O D E R A T E D
M E L I C O D D E E D Y M
D E V R E S E R S U D D A
F B W E O V P A C I F Y Y
G B T C N A E E T A B A D
```

MULTI MU'S

MUCH   MUFTI   MULISH   MUSE

MUCRO   MUGGY   MURAL   MUSHROOM

MUDDY   MULCH   MUREX   MUSHY

MUFFIN   MULCT   MURKY   MUSIC

MUFFLE   MULE   MUSCLE   MUSK

MUSSY

MUSTARD

MUSTER

MUSTY

MUTATE

MUTCHKIN

MUTE

MUTT

MUZZY

```
U M P O N M T C L U M E V
C B U T I L Y H M O U Z N
A D O C K R A Z O R S W I
Y Y R M H F M R Z C I R F
D D G A C T H U U U C B F
R C D G T S P P S M M G U
W D A U U S L M F T I M M
E Y M M M M U T A T E U U
Q T E L C S U M F Y L R R
Z S P T S M U U H I F M E
R U E Y U R M S S E F K X
G M U S K M U H R M U L E
D K E Y B M H C L U M H S
```

BEANS HOT MUG STORE

BREW INFUSION PERCOLA- TEMPERA-

CAFE AU IRISH TOR TURE

LAIT JAMAICAN PLUNGER TURKISH

CAFFEINE MEXICAN STEAM VIENNESE

DECAFFEI-

NATED

ESPRESSO

FILTER

FOAM

FREEZE-

DRIED

GRINDER

```
D E T A N I E F F A C E D
N R R N V I E N N E S E Q
A U T O K U R E D N I R G
C T R O T A L O C R E P N
I A O D J S E V D C H L A
A R F S T P S E I A P U C
M E L E S M Z N T F X N I
A P A H A E F U A F F G X
J M I O E U R B R E W E E
W E F R S K L P G I B R M
X T F I I P T A S N B U T
N T O S A S O Y I E G V L
B N H P S I H R E T L I F
```

AMBULATE   LEAP   PRANCE   SAUNTER

DASH   LOPE   PROMENADE   SCUFF

FLIT   MEANDER   RAMBLE   SCURRY

FROLIC   MOSEY   RANGE   SHAMBLE

GLIDE   PACE   REEL   SHUFFLE

HOBBLE   PLOD   ROAM   SIDLE

H	P	M	O	S	E	Y	E	C	N	A	R	P
J	G	L	V	T	I	R	S	L	O	P	E	L
J	W	S	T	R	I	D	E	E	B	T	E	O
W	A	N	D	E	R	L	L	E	E	M	D	D
S	C	D	P	D	L	B	F	E	L	R	A	T
E	I	Y	T	N	M	F	T	Y	B	M	N	R
G	L	H	S	A	D	R	F	E	B	A	E	U
N	O	D	H	E	A	L	S	U	O	O	M	D
A	R	S	D	M	L	C	L	P	H	R	O	G
R	F	I	P	O	U	A	P	E	R	S	R	E
W	L	A	R	R	T	E	Y	N	A	I	P	F
G	C	T	R	E	T	N	U	A	S	P	N	W
E	S	Y	S	S	C	U	F	F	G	J	R	T

SPRINT

STEP

STRIDE

STROLL

TODDLE

TRAMP

TRUDGE

WANDER

PUZZLE 44   OLDEN WORDS

ALBEIT

BEAUTEOUS

BEGET

BEHOLD

BETWIXT

BRETHREN

COMEST

DAMSEL

DOTH

ENOW

FORSOOTH

GLEBE

HARK

HEARKEN

HIGHT

HITHERTO

NOWISE

QUOTH

SAITH

SHEW

THEE

THINE

THOU

TROTH

UNTO

VERILY

WHERE-

SOEVER

WHILST

WHITHER

```
O K F D G D M X P E P E U
T H O U A T S E M O C B N
E T R M E S I W O N A E T
H N S E Q N W E W S R L O
H E O U V H I Z B H B G O
L I O W I E E H T L S N R
P T T T S U O E T U A E B
H V H H B H R S B K I K T
R E E M E B H Q E T T R S
R W B R Y R Z T H R H A L
B E T W I X T G O G E E I
T E G E B L I O L R C H H
M Q K R A H Y V D Y T J W
```

COMPOSERS

BACH BIZET DVORAK LALO

BARTOK BRAHMS GERSHWIN MENDELS-

BEETHOVEN CHOPIN GOUNOD SOHN

BERG COPLAND HANDEL PADEREWSKI

BERNSTEIN DEBUSSY HAYDN SCHUBERT

Y	K	S	V	O	K	I	A	H	C	T	R	D
S	M	H	A	R	B	K	K	D	H	P	I	N
A	N	A	T	E	M	S	S	T	B	M	U	D
S	G	E	R	S	H	W	I	N	E	A	P	Y
B	N	G	S	A	L	E	T	N	E	Z	C	A
D	E	M	I	E	M	R	D	T	T	D	I	H
V	O	R	D	D	E	E	T	I	H	N	D	B
N	L	N	N	B	L	D	A	O	O	A	E	A
Q	A	O	U	S	V	A	S	M	V	L	B	R
H	L	H	S	O	T	P	V	K	E	P	U	T
U	C	O	R	L	G	E	T	I	N	O	S	O
S	H	A	C	H	O	P	I	N	V	C	S	K
N	K	S	T	R	A	V	I	N	S	K	Y	F

SMETANA

STRAVINSKY

TCHAIKOV-

SKY

TIOMKIN

VIVALDI

PUZZLE 46　　GOING UP

AWARD　　MARIONETTE　　PROP　　TENT

BANNER　　PALM　　PUPPET　　TRAM

BUOY　　PENNANT　　RACKET　　TROPHY

CANOPY　　PICTURE　　ROOF　　WASH

CURTAIN　　PLAQUE　　SUPPORT

FLAG

FUNICULAR

GLASSES

HAIR

HEADLINE

LEAF

LIFT

```
E T T E N O I R A M I M I
P F M T I E M N X M W Y G
M I R M A Z R F F X A P L
Q L A X T Y O U B T S O A
P R C R R Q N D T X H R S
T Y K N U I B P V C A P S
N P E D C H E A D L I N E
Y O T U P N Y R N P R P S
Q N L E N H A Y K N A R G
S A L A P W G V E T E L Y
R C N O A P L A Q U E R M
A T R O P P U S L A N N D
D T F O O R F P F F S I T
```

AINU	HONSHU	OSAKA	SAPPORO
BUDDHISM	ISLANDS	PRIME	SHIKOKU
ECONOMY	MOUNT FUJI	MINISTER	SHINTO
HOKKAIDO	NIPPON	RICE FIELDS	SUMO

```
O O B D T A T J L A A V P
I J U F T N U O M K R R M
S U M O W R E S T L I N G
D T U K O K I H S M C O O
N S E R C H O O E S E P H
A I O C D H T M D A F P K
L R J D H N I A E P I I P
S F U B I N K C C P E N B
I B I H I A O K F O L K U
E H S S S N K L Q R D L N
D K T O O N E K O O S J Y
J E N M X U O R O G G Z A
R O Y K O T X H B H Y O N
```

WRESTLING

TECHNOL-

OGY

TOKYO

PUZZLE 48   WEST INDIES

BANANAS   HOTELS   OCEAN   TOURISTS

BEACHES   INNS   RIVERS   TROPICAL

CARIBBEAN   ISLANDS   SAND

CAY   MOUNTAINS   STREAMS

CHARTERS

COAST

COCONUTS

FORESTS

HILLS

```
L  F  Y  Z  P  J  Y  N  D  L  W  R  D
N  A  E  B  B  I  R  A  C  M  B  Y  M
C  Z  C  D  N  A  S  F  H  E  X  O  F
S  T  S  I  R  U  O  T  A  R  U  D  H
T  P  E  N  P  R  A  C  R  N  S  H  O
U  S  W  N  E  O  H  C  T  E  P  S  T
N  V  A  S  O  E  R  A  E  S  A  O  E
O  Z  T  O  S  C  I  T  R  D  B  M  L
C  S  L  L  C  N  E  D  S  N  K  Y  S
O  M  L  Y  S  A  N  A  N  A  B  I  Z
C  I  D  Z  M  C  K  W  N  L  E  L  M
H  N  W  P  R  I  V  E  R  S  O  W  F
S  Y  R  C  G  D  Y  A  R  I  N  C  U
```

ORACLES

ADVISE   DECLARE   FUTURE   KEEN

AMAZE   DISCERN   HEED   KNOW

CLAIM   FACTS   HINTS   LEARN

CLUES   FORESEE   INFORM   PREDICT

CRYPTIC   FORETELL   INTERPRET   REVEAL

```
L  J  D  E  C  L  A  R  E  D  Q  A  E
H  E  E  D  M  I  A  L  C  I  P  Z  R
C  E  A  H  D  Q  T  F  U  S  G  K  U
W  L  F  R  T  N  A  P  E  C  S  O  T
I  N  U  E  N  C  O  N  Y  E  Z  S  U
N  N  T  E  T  N  S  I  F  R  U  T  F
R  U  T  S  S  E  W  J  S  N  C  E  A
M  L  L  E  T  E  R  O  F  I  L  D  M
D  R  W  R  R  K  T  W  D  D  V  E  A
E  X  O  O  G  P  A  E  D  I  O  X  Z
O  D  N  F  Z  R  R  I  S  U  F  P  E
F  B  K  W  N  P  R  E  V  E  A  L  E
C  Y  S  T  N  I  H  X  T  H  F  M  W
```

RIDDLE

SENSE

VISION

WARN

PUZZLE 50   RECTANGLES

BEAM	FRAME	SCARF	SUITCASE
BLOCK	MATTRESS	SCREEN	TABLECLOTH
BOOK	NAPKIN	SLAB	TICKET
BRICK	PAPER	STAMP	TILE
CAMERA	PIANO KEY	STEP	WALL
CHECK			
DESK			
DOMINO			
ENVELOPE			
FILE			
CABINET			
FISHTANK			
FLAG			

```
O  K  B  P  I  A  N  O  K  E  Y  L  U
D  S  C  A  R  F  E  F  Q  S  L  E  K
N  H  T  O  L  C  E  L  B  A  T  N  O
A  P  N  E  L  S  R  A  W  C  A  V  O
M  I  R  A  N  B  C  G  C  T  F  E  B
C  A  T  T  P  I  S  R  H  I  R  L  D
I  H  T  B  S  K  B  S  C  U  A  O  L
K  A  E  T  K  D  I  A  N  S  M  P  R
X  A  G  C  R  F  M  N  C  I  E  E  V
M  T  I  C  K  E  T  K  N  E  P  T  W
H  R  N  Y  R  X  S  O  S  A  L  S  G
B  P  M  A  T  S  Y  S  P  E  L  I  T
B  V  D  N  V  Y  L  U  R  W  D  P  F
```

BETS   DICE   LIGHTS   ROULETTE

CARDS   FLOOR   MAGIC SHOW   SHOWGIRLS

CASINO   SHOW   MONEY   SINGERS

CHIPS   GAMBLING   NEVADA   SLOTS

DEALERS   INNS   NIGHTCLUBS   TABLES

```
A M W I N N E R S N N I G
G M O N E Y O X B V D I O      THE STRIP
V U N V Q U A S U F S P F
H M A S L L R F L D I C E      TOURISTS
U D G E H E I O C R N T T
A S T N O O G T B G O W        WAGERS
S T P A I R W S H E E U Y
E O W I S L E G G T R R A
L L N H H H B Z I S S I V      WINNERS
B S O I T C Z M N R Q S D
A W O H S C I G A M L T I
T S R E L A E D C G N S W
D Y L Y T R C A R D S N D
```

PUZZLE 52

CLOUDS

CIRRUS   PATCH   SNOW   WEATHER

COVER   RAIN   STORM   WHITE

CUMULUS   ROLLS   THUNDER   WIND

DARK   SHEET   TOWERS   WISPY

DOMES   SHOWER   VAPOR

DRIZZLE   SMOG   WATER

DUSK

FOGGY

GRAY

HAIL

HAZY

LAYER

MISTY

NIMBUS

```
S M I S T Y G G O F B I K
S N G R E L O H A K R A D
T F O E O M K M C Z E R S
O C Z W S S O K P T I L L
R E W O H S S D I Z A Y L
M K N T U U H Z Y T P O
V C V B D H W L E H H S R
C R M L O A E R U E E I F
W I N D T Z A O N M T W J
N G R E W Y T P A N U K D
I O R R J V H A I L D C P
A X E A U R E V O C H W O
R J Q L Y S R E D N U H T
```

SUPER SUBS

ARMOR   DIAL   GAUGE   OXYGEN

BATTERY   DIVE   HATCH   PERISCOPE

BERTH   ELECTRICITY   KNOTS   PROPELLER

CAPTAIN   FLAG   NAVY   RADAR

```
Y  T  I  C  I  R  T  C  E  L  E  K  B
S  O  R  A  R  E  L  L  E  P  O  R  P
M  K  B  P  Y  Y  H  L  O  S  O  X  G
P  N  B  T  V  C  X  C  S  F  O  R  F
H  O  D  A  D  H  S  P  B  X  U  W  L
G  T  N  I  T  I  L  M  Y  H  B  F  K
E  S  R  N  R  T  A  G  T  C  D  L  O
D  I  V  E  A  U  E  L  L  T  C  A  D
R  Y  P  R  B  N  Z  R  G  A  U  G  E
K  A  M  W  E  D  F  M  Y  H  K  C  P
Q  O  D  R  J  W  T  L  R  A  D  A  R
R  Y  I  I  V  H  O  T  N  E  V  K  O
M  S  E  V  O  F  A  T  X  V  Z  N  T
```

RADIO

SIREN

TORPEDO

TOWER

VENT

PUZZLE 54   SLIDE SHOW

BLINK   LIGHT   SCREEN   TRAVEL

CAMERA   PHOTO   SEQUENCE   VACATION

CAROUSEL   PICTURE   SLIDES   VISIONS

CLICK   PROJECTOR   STILL

COLOR

COMMENTS

DESCRIBE

DOCUMENT

FOCUS

LENS

```
S  T  N  E  M  M  O  C  P  E  E  Y  S
L  E  V  A  R  T  S  R  B  J  X  U  V
V  J  Q  C  X  N  O  I  T  A  C  A  V
Y  D  C  U  E  J  R  Z  K  O  G  D  Z
C  C  O  L  E  C  S  F  F  S  I  Z  V
A  A  N  C  S  N  R  E  R  E  P  I  P
M  R  T  E  U  A  C  O  D  C  S  T  O
E  O  D  R  E  M  C  E  L  I  N  G  T
R  U  K  U  J  R  E  I  O  O  L  U  O
A  S  N  T  E  E  C  N  I  E  C  S  H
P  E  I  C  S  K  S  S  T  I  L  L  P
O  L  L  I  G  H  T  A  O  P  U  U  Z
D  A  B  P  B  B  P  E  I  C  V  P  W  Z
```

BOLTS   DOOHICKEY   INVENTION   PRODUCT

CHAIN   GADGET   MACHINE   PULLEY

DESIGN   GEAR   PARTS   PURPOSE

DEVICE   GIZMO   POWER   SPRING

SPROCKET

SWITCH

SYSTEM

THINGS

UNIT

USEFUL

```
Y H R T D E T O H C H S Q
E I G X G E M F H K B E Q
L Y S N X Z V A H T Q R I
L X S G I E I I C O F N G
U S Y G N N A U C H V N V
P O S E K I D R C E I R U
V P T S K O H T N R M N S
G O E O R C I T P V Q M E
G W M P B W I S I A M M F
G E A R S O U H B N R G U
L R I U N S T L O B U T L
I Y X P P T E K C O R P S
V N G I S E D T E G D A G
```

PUZZLE 56   "T" TO "D"

TABLOID   TIRED   TORRID   TREND

TASTED   TOAD   TOTTERED   TRIAD

TATTERED   TOASTED   TOUSLED   TRICKED

TEED   TOLD   TOUTED   TRIPOD

TEMPERED   TOPPED   TOWHEAD   TROD

TEND   TORPID   TREED

TENSED

TEPID

TERRIFIED

TESTED

THIRD

THOUSAND

THRASHED

THREAD

THYROID

TILED

```
D E I F I R R E T E N D T
T I L E D I R R O T O O O
T D E H S A R H T R U D T
A E E D D T I R T T E A R
B D M L O L D H E E T E I
L I E P S A O D R T D R C
O P P T E U V T E C E H K
I E P H S R O R D T T T E
D T W A D A E T E N S E D
B O N A E D O D H D E A S
T D I O R Y H T A I T R T
V R O D I P R O T S R C T
T D E E T Q T R I P O D I
```

OUTLET MALL

BOOKS COMPARE LEATHER OUTLET

BRANDS DISCOUNT LUGGAGE PANS

CHINA DISHES MALL PERFUME

CLOTHES FACTORY NAME PURCHASE

```
Q K S D E C U D E R E L F
N O P D L Z I S E H S I D
H F E R N S P M K E A F J
Q V R T C A A D H O M F G
C P F O N N R T S Y O T R
S V U S I E O B T F G B F
E N M R H L U G G A G E T
T R E T C O T Q S C G I E
Q Z A H V H E L T T E S L
L E I P S S A S O O U O T
L N R T M B P S R R E N U
A B B T O O L S E Y V Y O
M E S A E L C R S H O P G
```

REDUCED

SHOES

SHOP

STORES

TAGS

TOOLS

TOYS

PUZZLE 58   TORNADOES

ATMOS-   SEASON   SAFARI   WEATHER

PHERE   RADAR   SIRENS   REPORT

DOWNDRAFT   ROARING   UNPREDICT-   WIND SHEAR

FLYING   NOISE   ABLE

DEBRIS   RUBBLE   WALL CLOUD

FUNNEL

HAIL

LIGHTNING

NEWSCASTS

PATH

PEAK

```
W C N O S A E S K A E P Y
F E S I O N G N I R A O R
L L A J R C E T P D B R A
Y I H T H A F R O A R A D
I R G G H U F W I N T E A
N U C H N E N A E S Z H R
G B J N T D R W S R M S F
D B E X R N S R T I F D D
E L B A T C I D E R P N U
B E F K A L M N U P R I N
R T L S I L Q B G N O W B
I E T A T M O S P H E R E
S S H D U O L C L L A W T
```

BIT	CORRAL	HALTER	OATS
BLANKET	CRUPPER	HAME	PADDOCK
BLINDER	FODDER	HARNESS	POMMEL
BRIDLE	GEAR	HAY	REINS
COLLAR	GIRTH	MANGER	SADDLE

```
P  T  M  E  E  L  D  D  A  S  L  A  O     SHOE
R  E  D  N  I  L  B  C  P  H  L  J  C
E  X  X  L  P  L  D  L  I  O  A  G  A     STABLE
D  Y  T  J  W  U  E  I  A  E  T  J  H
D  H  A  L  T  E  R  M  R  N  S  G  G     STALL
O  M  C  O  L  L  A  R  M  B  K  I  R
F  V  K  R  A  N  P  H  I  O  R  E  M     STIRRUP
K  T  A  R  G  D  A  Y  I  T  P  L  T
S  E  R  E  D  R  D  N  H  P  S  B  Y     TACK
G  O  R  A  N  W  D  G  U  E  M  A  H
C  E  A  E  C  M  O  R  B  C  H  T  J     TRACE
N  R  S  T  A  E  C  R  E  I  N  S  N
T  S  G  Q  S  V  K  M  F  P  T  U  M
```

PUZZLE 60   SATELLITES

ANNA	MIDAS	SCORE	VELA
ARIEL	OSCAR	SECOR	VOSTOK
COMSAT	PROTON	STARAD	ZOND
ECHO	SAMOS	TIROS	

EROS

ESSA

GEMINI

HEOS

IRIS

ISIS

LUNA

```
S  L  D  A  O  P  S  V  L  L  V  O  F
N  I  N  V  V  O  F  O  Z  G  Y  S  R
U  N  R  E  R  Q  M  V  V  E  H  X  X
A  F  L  I  N  I  M  E  G  V  J  D  Y
H  A  T  E  D  S  A  M  O  S  H  X  J
E  V  Y  A  I  J  Z  S  D  T  D  U  B
O  K  S  X  F  R  T  C  P  J  S  R  D
S  Z  C  Y  H  O  A  O  L  S  J  A  O
M  T  B  C  K  U  S  R  O  V  I  C  D
W  Y  A  N  U  L  M  E  H  E  G  S  K
O  L  P  R  O  T  O  N  C  G  S  O  I
A  E  G  W  A  H  C  E  E  O  H  S  C
Y  O  Z  O  N  D  J  F  S  O  R  E  A
```

ABOVE CONTROL FLOATING MOVEMENT

ALOFT CURRENTS FLUTTER PULL

ASCEND DESCEND GUST RISE

BREEZE DRAFT MANEUVER RUNNING

CLEARING FIELD MOTION STRING

```
T N E M E V O M X A Z V X
V C V A G N D C G G O T V
K L O N F N O N N I Q U B
J O B E W G I I I S P G T
A R A U E R R T T W U S F
Z T A V A T S F A O Z E O
U N D E S U D R I O M F L
I O L R G H D E P E L E A
S C U R R E N T S U L F S
M K K I D R A F T C L D C
Q D S N D N R T K X E L E
E E B E Z E E R B O A N N
L I A T I R U N N I N G D
```

TAIL

TUGS

UPWARD

WIND

PUZZLE 62   THE THEATER

APRON   LIGHTS   PROSCE-   SILL

BACKDROP   ORCHESTRA   NIUM   TRAPDOOR

BOOM   PIT   ROSTRUM   WINGS

CATWALK   PROPS   SETS

CURTAIN

DOCK

FLATS

FOOTLIGHTS

FRONT

HOUSE-

```
I  S  T  H  G  I  L  T  O  O  F  E  G
G  S  G  N  I  W  B  I  A  Z  A  P  V
C  C  T  M  O  O  B  P  U  F  N  O  P
A  U  I  H  H  D  R  A  Q  S  K  R  K
T  F  R  U  G  O  W  R  B  D  O  D  L
W  N  X  T  N  I  O  T  I  S  O  K  L
A  E  O  J  A  O  L  S  C  E  M  C  V
L  S  F  R  D  I  I  E  X  T  O  A  K
K  X  L  P  F  L  N  H  S  S  T  B  S
P  X  A  U  L  I  X  C  T  U  D  P  A
R  R  T  H  U  M  U  R  T  S  O  R  E
T  B  S  M  Y  D  V  O  A  R  U  H  A
J  G  X  N  O  U  I  J  P  V  P  F  Y
```

BLISS   CONTENT-   ECSTASY   LOVE

BLITHENESS   MENT   EXALTATION   NERVOUS-

CHEERFUL-   EAGERNESS   EXCITEMENT   NESS

NESS   EBULLIENCE   GLEE   PEACE

PLEASURE

PRIDE

RESTLESS-

NESS

SATISFAC-

TION

```
S J E V E A G E R N E S S
S C H E E R F U L N E S S
E A A N X B J M O H C E T
N B T L L E D I R P N N K
S Y L I R D T V Y P E S I
S O S I S A Q D L M I U W
E S P A T F T E T L L O W
L G E L T H A N J O L V C
T Q A Z M S E C E V U R I
S X C C U T C N T E B E R
E D E R N D G E E I E N W
R V E O M B B U E S O L J
E X C I T E M E N T S N G
```

PUZZLE 64

TRIBES

ABENAKI   HAIDA   LUISENO   PAIUTE

BLACKFEET   ILLINOIS   MODOC   SHOSHONE

CADDO   KANSA   OSAGE

CHINOOK

```
A A D M O Z O E N Q I N T
U V C S I O N I L L I N N
J P A W D O I V T D O T R
I G D U H A L E Z E N X A
E C D S T F E A S L E Y G
C M O S X F I H P A S Z X
R H M D K W R X T W I Y G
S D I C O E B Q K A U B I
E O A N T M A H U R L C O
P L A U O M G J A E S F Q
B Z I V K O J E R I E P Z
I A B E N A K I Q Z D M C
P T G V S J S A A S N A K
```

DELAWARE

ERIE

FLATHEAD

GABRIELINO

AIR VENT   BASKET   CYCLE   GASKET

APPLIANCE   CONTROL   DETERGENT   HEATING

ARRANGE-   PANEL   DRAIN   HINGE

MENT   COUNTER-   DRYING   HOSE

BASE   TOP   ELECTRIC   LATCH

```
L E N A P L O R T N O C P    MOTOR
Y D E T E R G E N T N O P
J H S A O B K S E T T S R    PROGRAM
E N E L P S U E M R C A R
O Q L A A P L T E L C Y C    RACK
P E C G T E L T G K W K D
R R T M C I N I N O L A S    ROLLER
P G O T O U N N A U A I E
E N R G O T E G R N T R V    SETTINGS
J I H C R G O S R V C V L
C Y Y T N A R R A W H E E    SHELVES
D R A I N Y M Q Z B H N H    TUB
I D H O S E B A S K E T S
```

WARRANTY

ACORN	MAPLE	PINE	TIMBER
APPLE	MULCH	PLANT	TRACTOR
BEECH	OAKS	PLUM	TWIGS
BLOOM	OLIVE	ROOTS	WILLOW
CONE	ORANGE	SEEDS	

ELMS

FERTILIZER

FIRS

GROW

LEMON

LILAC

LIME

```
K  M  X  S  G  I  W  T  A  R  X  E  I
R  H  U  E  X  G  J  E  E  L  G  Q  C
A  C  W  E  D  U  V  B  I  L  A  O  Q
F  E  A  D  X  I  M  L  I  C  P  F  V
I  E  W  S  L  I  A  A  O  Q  M  P  P
R  B  R  O  T  C  A  R  T  J  W  F  A
S  M  T  T  L  O  N  R  O  E  D  U  M
R  R  H  D  I  L  O  Q  R  G  M  U  O
H  C  L  U  M  L  I  R  A  K  L  I  O
T  A  E  N  S  A  I  W  N  P  E  P  L
T  N  A  L  P  O  P  Z  G  Q  N  I  B
W  O  R  G  M  W  B  L  E  M  O  N  R
G  J  O  A  K  S  Y  A  E  R  C  E  O
```

OUR KIDS

ALOOF	CUNNING	INFANTILE	MANNERED
BOSSY	DEAR	INGENIOUS	OBEDIENT
CHEERY	ENTHUSIAS-	IRKSOME	OBNOXIOUS
CRANKY	TIC	IRRITATING	OBSTINATE

```
W Y S X S T C Y S T Z E I
E K P P F U R U S T T V E     PERT
S N P V B E O A N S Q M H
U A T M E I O I T N O E F     TEASER
O R A H N O B R X S I B H
R C C E U B E B K O P N B     TOTS
O F G W S S D R G W N U G
G N I T A T I R R I X B U     UPSTART
I R O E G I E A R A E D O
V T T F O N N L S A X U G     VAIN
A F O O L A T L C T R E P
I N F A N T I L E G I T A     VIGOROUS
N M A N N E R E D N G C D
```

STEREO STUFF

AMPLIFIER   MUSIC   RECEIVER   TUNER

AUDIO   OUTPUT   SPEAKERS   TURNTABLE

BASS   POWER   SYSTEM   TWEETER

CABINET   RADIO   TONE   WIRE

CIRCUIT   RANGE   TRACK   WOOFER

DIAL

DIGITAL

DISC

EQUALIZER

FILTER

HEAD-

PHONES

METER

```
S R E L B A T N R U T Q G
E A A U D I O E Q R T O D
N O M N H I Z R E W O P C
O I Z P G I G C W S H M X
H D I A L E E I R P R G A
P A C A B I N E T E E C S
D R U X V M F C O A T Z X
A Q E E E O S I N K L E T
E W R T O R T R E E I X M
H Z S W E R O C S R F F U
V Y I N A E I U C S I D S
S R U C L C W I A U A D I
E T K V T U P T U O O B C
```

LARKS

ASIA   EGGS   HORNED   OMNIVORES

BEACHES   EUROPE   MEADOWS   PERCH

BIRD   FEATHERS   NEST   PLAINS

BROWN   GRAY   OLD WORLD   PRAIRIE

RUNNING

SKYLARK

SONG

TERRES-

TRIAL

TUFTS

```
R L J D W F B Q L C P S T
L A I R T S E R R E T U B
Z N W T S E N A O G I I E
W D K K D R A C T W Q N A
K D E N R O H S Q H N M C
D D R I B V N W I O E K H
P R A I R I E E L A D R E
E E J F A N G D D A P A S
R F P L O M W O S J Y L C
C G P O D O W T S R A Y A
H C T U R S F O K G R K F
B F D L R U N N I N G S A
U T D Q T G E Q R Z M E T
```

PUZZLE 70　　ACAPULCO

AIRPORT　　PACIFIC　　SAND　　SWIM

BEACHES　　RESORT　　SCENERY　　TOURISTS

BEAUTIFUL　　RESTAU-　　SEA　　WARM

COAST　　RANTS　　SPANISH

COVE　　SAIL　　SUNNY

HARBOR

HOTELS

LA QUE-

BRADA

MEXICO

MOTELS

NIGHTCLUB

Q	I	B	V	S	M	R	J	M	O	R	U	S
B	B	U	H	V	L	S	E	A	E	T	S	L
J	P	L	E	B	R	E	T	S	A	O	C	E
P	D	C	A	V	E	R	T	M	O	P	D	T
Y	R	T	P	Q	O	A	L	O	S	R	N	O
R	B	H	Y	P	U	C	C	T	H	Z	T	M
E	D	G	R	R	U	E	S	H	M	J	I	R
N	C	I	A	F	P	I	B	E	E	W	R	A
E	A	N	S	B	R	X	X	R	S	S	O	W
C	T	A	L	U	F	I	T	U	A	E	B	B
S	N	F	O	I	C	B	P	D	S	D	R	L
D	A	T	S	O	A	C	I	F	I	C	A	P
H	S	I	N	A	P	S	U	N	N	Y	H	Z

TABLE TALK

ANTIQUE DESK FURNITURE PIECRUST

BEDSIDE DRAWER GLASS ROUND

BRASS DRESSING KITCHEN SERVING

CARD DROP-LEAF LEGS SHELF

CIRCULAR END OVAL SIDEBOARD

```
G U A S G E L D M Y U U K    TEAPOY
F L E H S V R W O O D L S
T H A H V A A Y L P M N E    TILE
F I A S W A R N M A J R D
B P L E S R R B I E U D I    VANITY
S D R E S S I N G T T R S
E D R A O B E D I S Y O D    VARNISHED
R I N V L U N N U S A P E    WOOD
V H A E Q U R R X X H L B
I L R I O U C W K D X E I    WORK
N M T R F E O R D R N A D
G N I T I R W G I A I F R    WRITING
A T E P K A K I T C H E N
```

JAZZ FEST

ARRANGE-

HARMONY

MELODY

SWING

MENT

IMPROVISA-

METER

TEMPO

BALLAD

TION

RHYTHM

VAMP

BASS

JAMS

RIFF

BEBOP

MELISMA

SCALE

BREAK

BRIDGE

T	B	M	R	G	Z	E	D	M	W	B	D	N
T	J	I	T	G	Q	E	J	E	T	Z	O	V
O	F	R	N	Y	D	O	L	E	M	I	R	A
F	P	I	E	Z	E	A	T	E	T	H	E	H
Z	W	M	M	B	C	N	L	A	V	O	T	N
S	U	C	E	S	O	I	S	L	J	A	E	X
X	A	B	G	T	S	I	F	E	A	F	M	N
Y	O	H	N	M	V	N	D	B	M	B	M	P
P	N	B	A	O	Z	L	O	R	S	B	Q	B
W	H	A	R	M	O	N	Y	I	O	J	L	R
G	Q	P	R	E	I	X	I	D	S	H	Z	E
C	M	B	A	S	S	F	M	G	E	U	C	A
I	I	M	H	T	Y	H	R	E	D	C	F	K

CHORD

DIXIE

ENSEMBLE

FUSION

WHITE HOUSE

BLUE ROOM   GREEN   LIBRARY   OVAL OFFICE

CROSS HALL   ROOM   MAP ROOM   POOL

EAST ROOM   LAWN   OFFICES   PORTRAITS

S	M	M	O	O	R	P	A	M	L	J	X	S
G	L	O	P	O	R	T	R	A	I	T	S	X
Q	C	O	O	W	H	N	W	G	Q	T	K	Q
T	U	R	O	R	P	N	R	Z	N	T	W	S
J	T	E	O	P	D	E	W	E	Y	P	X	S
W	O	U	E	S	E	E	D	T	R	R	L	E
Z	D	L	K	N	S	I	R	O	A	O	U	C
P	N	B	R	T	S	H	T	L	R	M	C	I
B	M	O	W	E	N	R	A	I	B	E	C	F
N	O	I	R	K	W	F	O	L	I	N	A	F
M	N	P	E	C	I	F	F	O	L	A	V	O
G	Q	E	A	S	T	R	O	O	M	D	O	J
H	U	C	N	L	P	G	Z	U	W	E	U	P

PRESIDENTS

PROMENADE

QUEENS'

ROOM

RED ROOM

WEST WING

IN ALASKA

ANCHORAGE   LIVENGOOD   PETERS-   SITKA

ANGOON   NENANA   BURG   SKAGWAY

BARROW   NINILCHIK   SELDOVIA   TALKEETNA

FAIRBANKS   NOME   SEWARD

GLENNALLEN

GULKANA

HOMER

JUNEAU

KENAI

KETCHIKAN

KOTZEBUE

F	J	K	D	Y	A	W	G	A	K	S	F	I
A	N	A	K	I	H	C	T	E	K	E	A	N
R	K	O	N	O	O	G	N	A	L	W	I	H
Z	W	T	M	T	G	G	M	I	D	A	R	E
E	O	E	I	E	E	L	V	S	N	R	B	U
G	R	U	B	S	R	E	T	E	P	D	A	B
A	R	A	J	L	N	N	K	T	X	I	N	E
R	A	B	N	G	A	N	I	L	V	M	K	Z
O	B	N	O	A	S	A	B	O	A	F	S	T
H	Y	O	A	E	K	L	D	H	E	T	P	O
C	D	N	I	N	I	L	C	H	I	K	Y	K
N	A	X	V	B	E	E	U	A	E	N	U	J
A	K	V	A	S	U	N	R	G	B	J	U	S

CORAL REEF

ALGAE   CORAL   FISH   ORNATE

BARRIER   CREATURES FRINGING   POLYPS

BRIGHT   DIVER   ISLANDS   PRETTY

COLONIES DOMES   OCEAN   REEF

COLORS   FANS   OFFSHORE   SEAWEED

SNORKEL

SPIKES

TROPICAL

WATER

WHITE

```
S E G G D W A T E R B I P
E R V B F E R S O A R H S
R O H A R S E M P N G P D
U H N G Z I X W N I Y L N
T S T N N C G Z A L K L A
A F M O O I W H O E A E L
E F L L V H G P T R S T S
R O O F I S H N O S V N I
C R C T Y L A C I P O R T
S N E B A R R I E R A E R
G A A E C Q W R K H F V F
A T N W F P R E T T Y I T
S E M O D N L Z O N F D G
```

BAKING DISH	LENS	REINFORCED	THERMOME-
BEAD	MIRROR	SHEET	TER
BOAT	PANE	SPECTACLES	VASE
CANDY	PAN LID	STAINED	WINDSHIELD
BOWL	PLATTER	TELEVISION	

CASE

COFFEEPOT

CRUSHED

DECORATIVE

ETCHED

GILDED

JAR

```
R N I R E T T A L P G O V
E E D L E I H S D N I W J
T V E E M I R R O R L K M
E I H H E X N I T C D S I
M T S V S R S F A C E T U
O A U U A I S N O S D A F
M R R J V O D F B R P I P
R O C E D Y F G E A C N X
E C L B B E E T N S N E L
H E Q O E N H L E I A D D
T D W P A A I C R E K C H
T L O P V D D W T K H A H
G T S E L C A T C E P S B
```

RINGS

AMETHYST   DESIGN   INITIAL   RUBY

ANNIVER-   EMERALD   MARQUISE   SAPPHIRE

SARY   ENGAGE-   MOOD   SETTING

BAND   MENT   ONYX   SIZE

CLUSTER   GOLD   PEARL   SOLITAIRE

```
Y B U R B H F B E T K D O
R I N I T I A L M U H C U    SPARKLE
A E P H X N K A E R R J F
S M T Y D R R T R Q P N T    TOPAZ
R O N S A Q S P A U E Z C
E O L P U Y Q K L O N A A    TURQUOISE
V D S I H L F A D I A P N
I D S T T U C D P S I O B    WEAR
N E E N G A G E M E N T D
N M J S E R I H P P A S G
A Z I F I Q A R L M T R O
W Z I M F G M E E U E G L
E S E T T I N G W J F Y D
```

PUZZLE 78　TRADE SHOWS

AISLE	MARKETING	PROMOTION	TELEVISION
BARKER	ORGANIZA-	SEATING	TOYS
BOAT	TION	STAFF	WHOLESALE
BOOTH	PRESENTA-	TECHNOL-	
BUSINESS	TION	OGY	
CLIENT			
CONSUMER			
DISPLAY			
GADGET			
GARDEN			
GRAPHICS			
MAGAZINE			

```
E R E M U S N O C I U E C
N O I T A Z I N A G R O T
I O M B G N I T A E S Y O
Z W I A G A S Z T P G G Y
A H E T R T R D E O R P S
G O J Y A K B D L S T S C
A L P F A T E O E M E R I
M E F R A L N T V N G E H
J S J I G H P E I L D K P
V A S X C G T S S N A R A
C L I E N T U O I E G A R
E E T A O B R W O D R B G
P R O M O T I O N B Q P M
```

AERATORS   EDGER   PLOW   SHREDDER

BLOWER   HARROW   RAKE   SPREADER

CATCHER   MOWER   ROLLER   SWEEPER

CHIPPER   PLANTER   SEEDER   THATCHER

```
U C V W D W C N K M G E P
R R E W O M L H E G M D L      THROWER
E E C L Q K R U I K V G A
D D P S T I E W P A E N        TRACTOR
E A T W H A T O L T P R T
E E X R S R R Z H L E E E
S R O T A R E A T M O T R      TRAILER
U P R M A C T D M K H R E
I S W H X C T I D R L R L      TRIMMER
C A T C H E R O O E S V I
M E J E N T M W R N R T A
H V R E P E E W S Q H L R
B L O W E R J H O C G M T
```

PUZZLE 80   ACROBATS

AGILE   POST   SAULT   ARMS

ATHLETE   ROPES   SPIN   STYLE

BALANCE   ROUTINE   START   SUSPEND

BARS   SAFETY NET   STRENGTH   SWING

CIRCUS   SOMER-   STRONG   TRAIN

COACH

EVENT

FLOOR

FORM

GRIP

HANG

HOLD

LEGS

```
N I A R T A M A S H E Q G
C S O M E R S A U L T S N
N E T E L H T A E S T U I
M P E R U O E V U R N S W
S O N A E Z E C O S E P S
E R Y K G N R N N N T E X
I Z T K T I G O I A J N E
S G E L C A L T O G L D E
P V F O R J U E H L R A N
I F A M S O R B T O F I B
N C S T R A T S T Y L E P
H A N G A O O Y Y U A D I
G T O P B P F W V Y W D D
```

FIRST LADIES

ANNA	ELIZABETH	HELEN	JULIA
BARBARA	ELLEN	HILLARY	LAURA
CAROLINE	EMILY	IDA	LOU
EDITH	FRANCES	JACQUELINE	LUCY
ELEANOR	GRACE	JANE	MARGARET

```
K N Z T M A I L U J Q F R
H J C Z H I U Q J Y F E O
A A A T S C C K H Q L V N
C Q R N Y E B H T L V N A
E A O A E S C L E X Y S E
M M L O S T A N B L O U L
E N I L E U Q C A J L H E
L L N L R N N S Z R I E C
L B E A Y Y O E I L F D A
T E R A G R A M L B N I R
D B A R B A R A E E A T G
C Y D O X M R B I W H H X
T G I C F Y C N A N N A A
```

MARTHA

MARY

MICHELLE

NANCY

ROSALYNN

SARAH

GREAT BIG

ANSWER PAGES

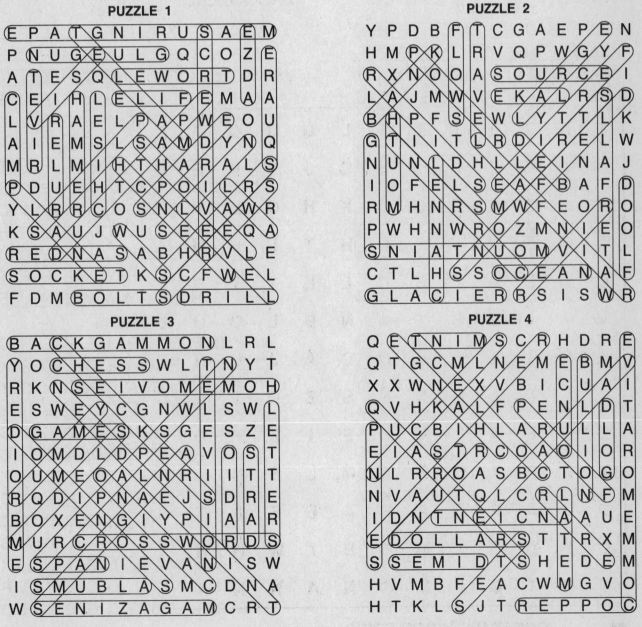

PUZZLE 1
PUZZLE 2
PUZZLE 3
PUZZLE 4

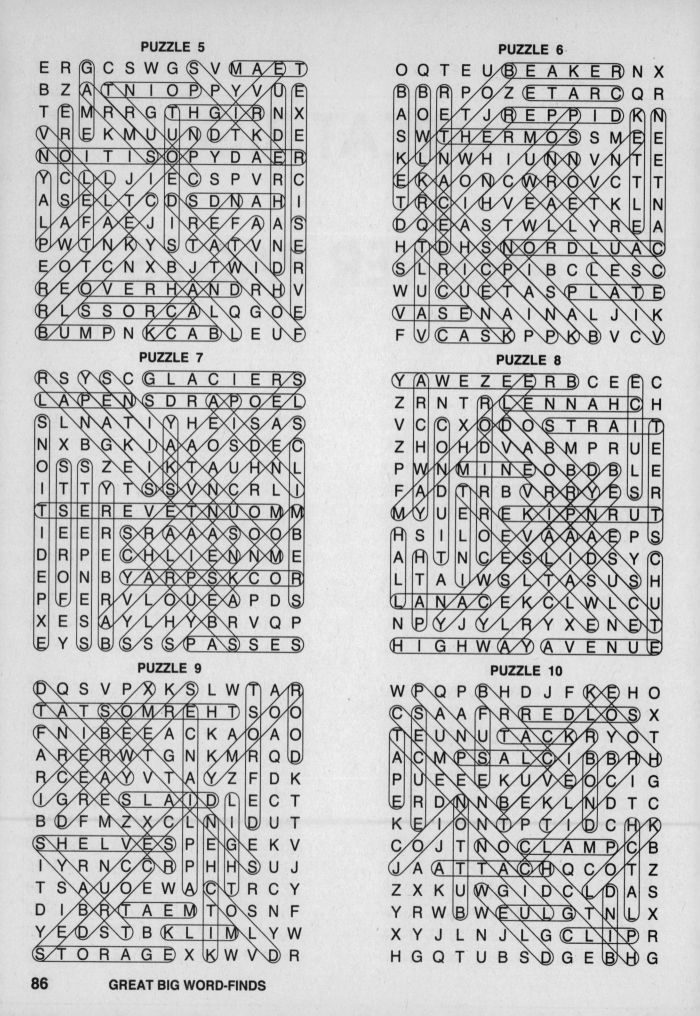

PUZZLE 5

```
E R G C S W G S V M A E T
B Z A T N I O P P Y V U E
T E M R R G T H G I R N X
V R E K M U U N D T K D E
N O I T I S O P Y D A E R
Y C L L J I E C S P V R C
A S E L T C D S D N A H I
L A F A E J I R E F A A S
P W T N K Y S T A T V N E
E O T C N X B J T W I D R
R E O V E R H A N D R H V
R L S S O R C A L Q G O E
B U M P N K C A B L E U F
```

PUZZLE 6

```
O Q T E U B E A K E R N X
B A B R P O Z E T A R C Q R
A O E T J R E P P I D K N
S W T H E R M O S S M E E
K L N W H I U N N V N T E
E K A O N C W R O V C T T
T R C I H V E A E T K L N
D Q E A S T W L L Y R E A
H T D H S N O R D L U A C
S L R I C P I B C L E S C
W U C U E T A S P L A T E
V A S E N A I N A L J I K
F V C A S K P P K B V C V
```

PUZZLE 7

```
R S Y S C G L A C I E R S
L A P E N S D R A P O E L
S L N A T I Y H E I S A S
N X B G K I A A O S D E C
O S S Z E I K T A U H N L
I T T Y T S S V N C R L I
T S E R E V E T N U O M M
I E E R S R A A A S O O B
D R P E C H L I E N N M E
E O N B Y A R P S K C O R
P F E R V L O U E A P D S
X E S A Y L H Y B R V Q P
E Y S B S S S P A S S E S
```

PUZZLE 8

```
Y A W E Z E E R B C E E C
Z R N T R L E N N A H C H
V C C X O D O S T R A I T
Z H O H D V A B M P R U E
P W N M I N E O B D B L E
F A D T R B V R R Y E S R
M Y U E R E K I P N R U T
H S I L O E V A A A E P S
A L H T N C E S L I D S Y C
L T A I W S L T A S U S H
L A N A C E K C L W L C U
N P Y J Y L R Y X E N E T
H I G H W A Y A V E N U E
```

PUZZLE 9

```
D Q S V P X K S L W T A R
T A T S O M R E H T S O O
F N I B E E A C K A O A O
A R E R W T G N K M R Q D
R C E A Y V T A Y Z F D K
I G R E S L A I D L E C T
B D F M Z X C L N I D U T
S H E L V E S P E G E K V
I Y R N C C R P H H S U J
T S A U O E W A C T R C Y
D I B R T A E M T O S N F
Y E D S T B K L I M L Y W
S T O R A G E X K W V D R
```

PUZZLE 10

```
W P Q P B H D J F K E H O
C S A A F R R E D L O S X
T E U N U T A C K R Y O T
A C M P S A L C I B B H H
P U E E E K U V E O C I G
E R D N N B E K L N D T C
K E I O N T P T I D C H K
C O J T N O C L A M P C B
J A A T T A C H Q C O T Z
Z X K U W G I D C L D A S
Y R W B W E U L G T N L X
X Y J L N J L G C L I P R
H G Q T U B S D G E B H G
```

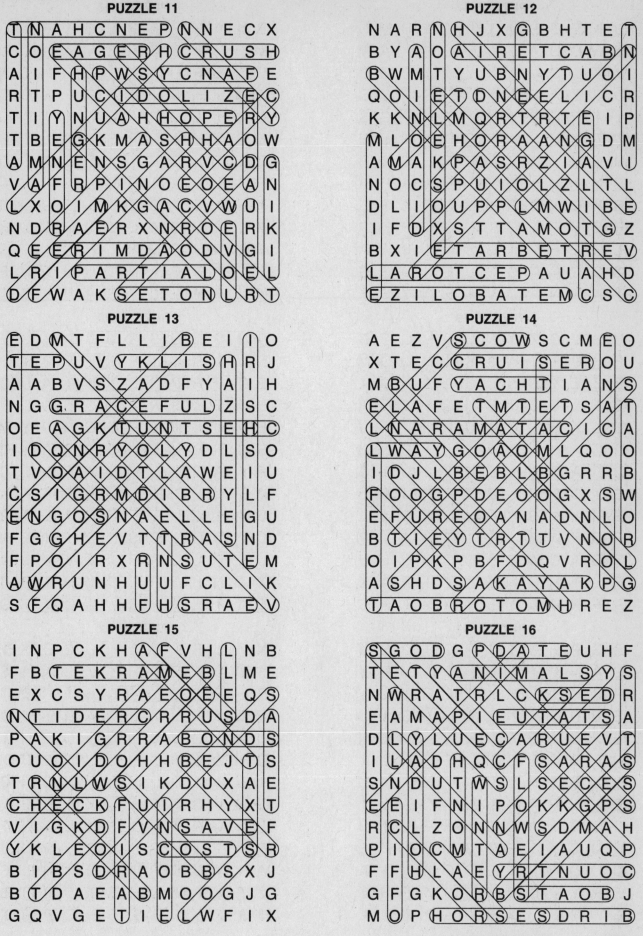

PUZZLE 11

```
T N A H C N E P N N E C X
C O E A G E R H C R U S H
A I F H P W S Y C N A F E
R T P U C I D O L I Z E C
T I Y N U A H H O P E R Y
T B E G K M A S H H A O W
A M N E N S G A R V C D G
V A F R P I N O E O E A N
L X O I M K G A C V W U I
N D R A E R X N R O E R K
Q E E R I M D A O D V G I
L R I P A R T I A L O E L
D F W A K S E T O N L R T
```

PUZZLE 12

```
N A R N H J X G B H T E T
B Y A O A I R E T C A B N
B W M T Y U B N Y T U O I
Q O I E T D N E E L I C R
K K N L M Q R T R T E I P
M L O E H O R A A N G D M
A M A K P A S R Z I A V I
N O C S P U I O L Z L T L
D L I O U P P L M W I B E
I F D X S T T A M O T G Z
B X I E T A R B E T R E V
L A R O T C E P A U A H D
E Z I L O B A T E M C S C
```

PUZZLE 13

```
E D M T F L L I B E I I O
T E P U V Y K L I S H R J
A A B V S Z A D F Y A I H
N G G R A C E F U L Z S C
O E A G K T U N T S E H C
I D Q N R Y O L Y D L S O
T V O A I D T L A W E I U
C S I G R M D I B R Y L F
E N G O S N A E L L E G U
F G G H E V T T R A S N D
F P O I R X R N S U T E M
A W R U N H U U F C L I K
S F Q A H H F H S R A E V
```

PUZZLE 14

```
A E Z V S C O W S C M E O
X T E C C R U I S E R O U
M B U F Y A C H T I A N S
E L A F E T M T E T S A T
L N A R A M A T A C I C A
L W A Y G O A O M L Q O O
I D J L B E B L B G R R B
F O O G P D E O O G X S W
E F U R E O A N A D N L O
B T I E Y T R T T V N O R
O I P K P B F D Q V R O L
A S H D S A K A Y A K P G
T A O B R O T O M H R E Z
```

PUZZLE 15

```
I N P C K H A F V H L N B
F B T E K R A M E B L M E
E X C S Y R A E O E E Q S
N T I D E R C R R U S D A
P A K I G R R A B O N D S
O U O I D O H H B E J T S
T R N L W S I K D U X A E
C H E C K F U I R H Y X T
V I G K D F V N S A V E F
Y K L E O I S C O S T S R
B I B S D R A O B B S X J
B T D A E A B M O O G J G
G Q V G E T I E L W F I X
```

PUZZLE 16

```
S G O D G P D A T E U H F
T E T Y A N I M A L S Y S
N W R A T R L C K S E D R A
E A M A P I E U T A T S A
D L Y L U E C A R U E V T
I L A D H Q C F S A R A S
S N D U T W S L S E C E S
E E I F N I P O K K G P S
R C L Z O N N W S D M A H
P I O C M T A E I A U Q P
F F H L A E Y R T N U O C
G F G K O R B S T A O B J
M O P H O R S E S D R I B
```

PUZZLE 17

```
U K E S P M I L G E H M N
G W O G A G L O G V X A M
Y A D C L A K Y W I C Z O
D G Z A B A T O P S R S B
L I R E Z I N I T U R C S
O E Y E N W F C B A E C E
H E H J T R I B E L G Y R
E X A M I N E T E I A P V
B K G X S R I C N Z R S E
R E E P N O I U S E D E P
L Q E E M T G S Q I S W A
G C C G O G G L E S D S G
T K G N P Z V I E W Y E X
```

PUZZLE 18

```
S W A U S E R U G I F J C
M R O L O C R E T A W O U
G S E H Q E X I C Z M L N
A N I H S I M H P P S G B
L V I L Q P A O O I I W E
L E S X H A R P S D S L P U
E L I S C E I A E E A R Q
R I T O A T R D L C R X I
Y O A S I S E R S E U N N
R L E O G A E D U M T W H
T L N J P M N U P S A T C
P O R T R A I T H N N N E
M U R A L E T S A P V C T
```

PUZZLE 19

```
U G M G Z T N U O M G F B
F H C T I W S S L N O G M
E Z E E R B C G A A N O I
B T L E D I G H O I T C R
E L A B L O W U L O T E U
S C A L R A T I R T S N M
D R A D U L E U S J U T G
E T O P E C E E R H J R U
E R Y T S S R Z C N D A L
P O K W A I C I T S A L P
S O A C W T B H C O O L U
R L T H O M E K Z I F A K
L F N J K Y F T A Y T R C
```

PUZZLE 20

```
D I S C U S S U R M I S E
N L D E C I P H E R S T S
E T E R P R E T N I A U O
H R E W S N A X C B A D P
E O L C M L R O E Q U Y M
R T R E U E N D U Z A H O
P A A C Z C M E A R N X C
M F L L L I S O N F A R X
O A I U U T R O R A L A R
C H D G I C S O D I Y E N
U E P O U A E Z E A Z S J
X Q N H E R P P X H E E S
E T I R W P E W S Q T R Q
```

PUZZLE 21

```
S G P H C T I P C T G S N
C A N V A S O R E A M R Y
R S K I L R K P E G B L L
E U H O T N E L O P S I O
E P O A E E U Q R A M M N
N P B S R G E M E S H A Y
S L B A H Y E M T K P X C
E Y U R X X L U B O A V I
J Q D R A O O I H O L T B
S U C R I C G J M H F F S
D O O R S T E G O A V I X
Z P Y L O D G E D F F H O
E W R P B X E U A L M L L
```

PUZZLE 22

```
N A U S N O T T U B Z G V
F B D A E R H T R S N A S
S R E W O L F D E I R D T
E U N W U X F Q F N I K R
U S I G Y S U F I O B H A
Q H W S S I U S U N B C H
I E T I N T H U B R O N C
L S F S S G E C X E N E P
P A I N T S I N W D A E T
P A T T E R N S C I R D J
A V V C B R W B E I R L S
Z F X A A O E F X D L E S
J Y F Y B S E G N O P S X
```

PUZZLE 23

```
S Y D T R O P S O M F Q E
T T Z E C N A L A B F R F
L H A K E T B A Y S O T K
Q E G R F P T N W C E L G
J J C I T H S D S C K L E
W U L N L I U I H H A I N
I M D E A F N N B I T K M
N P T G O T I G Z E T S W
N E Y R E Q S H P P K F P
E R M Y U S K I S O M K O
R U L E S T B L D L I A K
O S C I P M Y L O S X N R
C R I T I C A L P O I N T
```

PUZZLE 24

```
D T S U S O S E M A J W D
A F Z S B R A W L D L O E
R I X T E R Y Y E I Y N F
N W B K E G E B E L O S O
O S L L D O R W E L L T E
C A T W E A S U F X X S D
W U O O D E U J B M S U S
B I P B I N A S I M O V H
R H U K C R F N T Q X R E
G R A P K E G L L E W I S
Y S Z R E T S R O F N Q E
I I Z H N S Z T Z O T O P
X V N O S I R R O M W X A
```

PUZZLE 25

```
X E P I L C T V F T R Y G
Y P S E C N U O B E V E M
B K E O Y N T R Z O Z D S
N A V R O O Y I L C Q R O
Z T A W M L L R H E O V L
H H W H R A B A C L R S O
Z G A U R S N Y L Q P S T
A I C T V G S E Z D W E I
R T U T E K R Y N Z L C O
K E L Y T S O L U T I O N
N W A D D L F S S U F R H
A N R O U P E S N I R P F
T Z R B A V Q Y Q T Z U O
```

PUZZLE 26

```
S R E T H G I E R F U N C
C E R U T A N R M L O O O
K N H Y I T B B O I A R X
F C I F F J A I T S A W O
S S E A C R E A T U R E S
C E R R G M R A O A Q R P
R C L E W O L D B L T U O
A D S C L W E V H G F S N
N Q U P A B F G G A Q A G
N R X T R N E L U E O E E
I E E I O J R B O F I R S
E R S S C U B A R O E T I
S E C I V E R C B A R R K
```

PUZZLE 27

```
Y R W Q M Q O L T I N T K
S E J I P T S U C O L Q N
M P Q A X D I D Y T A K V
S P I D E R D L G F C D G
P O D Y B F F V U S E I Q
I H T E B N L M P C W H G
R S E I O G T E S R I P P
H S I G U E O E A C N A Z
T A A T R Q I E K I G F X
N R A M N L S T I C K P V
D G I N F A N O I A I I P
S T S H T O M R M D A R R
E M P P X S V P V A E T C
```

PUZZLE 28

```
S Y F F A T B X R H C C Q
H E M A C A R O O N H C O
H C S T J X M N N E O O K
V Q T S L E E Q R B C C M
Y D F O I Y L R R Z O O A
X T W B C K Y L C E L N R
L P I O O S E Z Y C A U Z
J Q M N R N R B R B T T I
W B T N I M R E P P E P P
C R L L C V M L T M S A A
G L A C E E I I T T L N
U R V U S E I D H K U O Q
P O P I L L O L F L N B I
```

PUZZLE 29

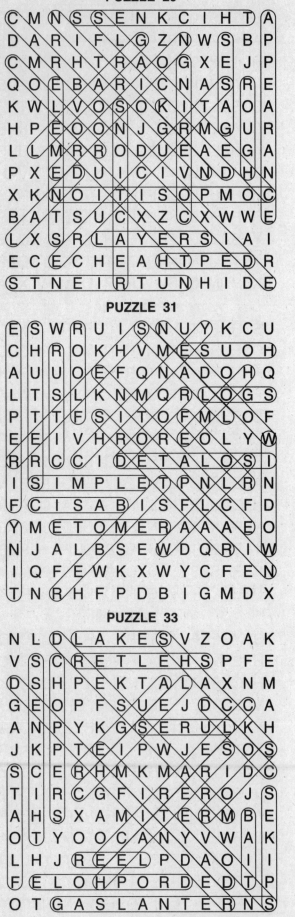

```
C M N S S E N K C I H T A
D A R I F L G Z N W S B P
C M R H T R A O G X E J P
Q O E B A R I C N A S R E
K W L V O S O K I T A O A
H P E O O N J G R M G U R
L L M R R O D U E A E G A
P X E D U I C I V N D H N
X K N O I T I S O P M O C
B A T S U C X Z C X W W E
L X S R L A Y E R S I A I
E C E C H E A H T P E D R
S T N E I R T U N H I D E
```

PUZZLE 30

```
G N I W O L B D N I M P I
R G M S P F L O B O N U S
E S P D E E I H S T R U Z
A X R R Z M X N E S P M S
T A E B E Y E X E R C R U
N E S T T P C R E I G F O
S F S F I E U M T Y O C E
L O I F L M E S Q X N H G
T N V L W X A W O W E O A
Z S E C A T G N I P P I R
P N T D N E K L Y H S C T
T P L A C I D A R D O E U
J D F B D X E X S P O T O
```

PUZZLE 31

```
E S W R U I S N U Y K C U
C H R O K H V M E S U O H
A U U O E F Q N A D O H Q
L T S L K N M Q R L O G S
P T T F S I T O F M L O F
E E I V H R O R E O L Y W
R R C C I D E T A L O S I
I S I M P L E T P N L R N
F C I S A B I S F L C F D
Y M E T O M E R A A A E O
N J A L B S E W D Q R I W
I Q F E W K X W Y C F E N
T N R H F P D B I G M D X
```

PUZZLE 32

```
G J D E E P S M T O C P B
H S I R P W E R C T I P V
D G R T I O B W C E A F K
U A X O Y V T C X L B I O
O L C O S O E S Y E H N U
L F H E C N W R T V O I L
P O S I T I O N S I K S Y
F S G R N T I P T S P H K
Y I A N C A R U S E N M M
S C E I C P A T C D F A P
E R V L U C A A K I A U F
T E A M D R P I W C S G Y
D B E C T T K C A R T J W
```

PUZZLE 33

```
N L D L A K E S V Z O A K
V S C R E T L E H S P F E
D S H P E K T A L A X N M
G E O P F S U E J D C C A
A N P Y K G S E R U L K H
J K P T E I P W J E S O S
S C E R H M K M A R I D C
T I R C G F I R E R O J S
A H S X A M I T E R M B E
O T Y O O C A N Y V W A K
L H J R E E L P D A O I I
F E L O H P O R D E D T P
O T G A S L A N T E R N S
```

PUZZLE 34

```
F L O W L A I P U S R A M
A I S A L A R T S U A P R
Z H K H X L Q O L G B L K
E R X A C I R E M A B A O
T Y Z L K U C G N R N T C
L B E O I H O D T G D Y Z
Q A A S I V I P A L W P M
K L M D D C E R B I O U S
A L N M O E O B T D M S S
F A I O A O S T I E B J S
L W T M L M B E U R A T O
O M W U Q A F U R I T N P
B C E T S E R O F T V H O
```

PUZZLE 35

```
E E G A D R A Y I Q E H J
M D D S P A N C B W Z T Q
T I U U H M U I O V A D F
T A L T T B W O A C Q A H
B M P E I I Z I R H A E T
B E E T A T G E D E C R H
D T U I E G A N F T Y B G I
L E G C U G E L O F H D I
I R A E E A V S O L C N E
N P E N A V T L T U C A H
K I L O M E T E R H R H A
G N O L R U F U E L B A C
A R P E N T J S J U F Z W
```

PUZZLE 36

```
E J U R E G R U B M A H S
Y S A U S A G E D I D E L
B N C P U M P K I N N E O
R A W A T E R C R E S S B
E E R A R A B Q G S W L S
P B B C T O H A U T T M
P K D M X A L M J R O G E
A C O D U E G E O O E U R
N A X N S C L I R N C M Q
S L K E O A U H L E I B Z
D B D R K P S C K L R O R
E H N T I U R F T M U Z N
R U D E M A E R C B M W
```

PUZZLE 37

```
P O C E D G L G Y B N S T
W R B Q K M D K W M A H H
A R S L E P T E A G G D R
S N H L D L Z W I U E E E
H C T E D E S W O R B T W
E E O E A A B H P D R R F
D J I O C R T M B U T A P
E G D H K N D H I H C T C
N W I S H E D S G L A S X
R O R Q W D D U A U C H M
U Z O O Y X A D E L A E H
B S N K T T H G U O F C K
W S G X T E D E I R R O W
```

PUZZLE 38

```
C N C Y C P F F L E S H Y
Y S E Q R G E A T I N G M
Y V M Y S D R A H C R O Z
G N O L B O M O S D E E S
N N S F A I S C W Y T F O
I T I G L P E L E I G G H
G F N C O R T U E O N C Y
N L T C U L A S T I I G B
A O F S F D D T N R K B F
H C S R R Q O E N W O R B
Z E E I U T P R N Y O E X
T S E R D I L S P U C D J
H D L Q R Z T R E E S P N
```

PUZZLE 39

```
C D E D W O R C M P I L N
L O U I V J L V C R O V E
J W N E T L M U V O D J E
P A A S L R D X L B J K M
T I M R T P U N C L D J C
B T A O C R K C J E U A X
U N V D S Z U R K M R Q D
S Y A L E D E C T S W H E
R U S H M P O B T T C K L
Z A Y O O L P Y L I O U L
N A V R B U M O A C O O A
Y E T N I M P A T I E N T
N X E S L O W A E S Q V S
```

PUZZLE 40

```
S I L E N C E H D N K S H
M Z L L E F S E K A L S W
D I I D N I F C C E U E O
T N T N N G O X H D D L
S Y S I N G N M K A I A S
E J M W G T Q P E C L T F
R I B D R A S O N K A E B
D E L O D A T S E S E B R
Z I L P M O D E R A T E D
M E L I C O D D E E D Y M
D E V R E S E R S U D D A
F B W E O V P A C I F Y Y
G B T C N A E E T A B A D
```

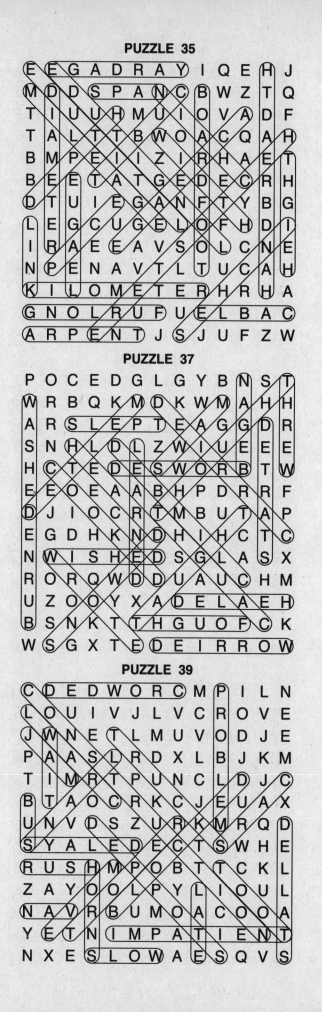

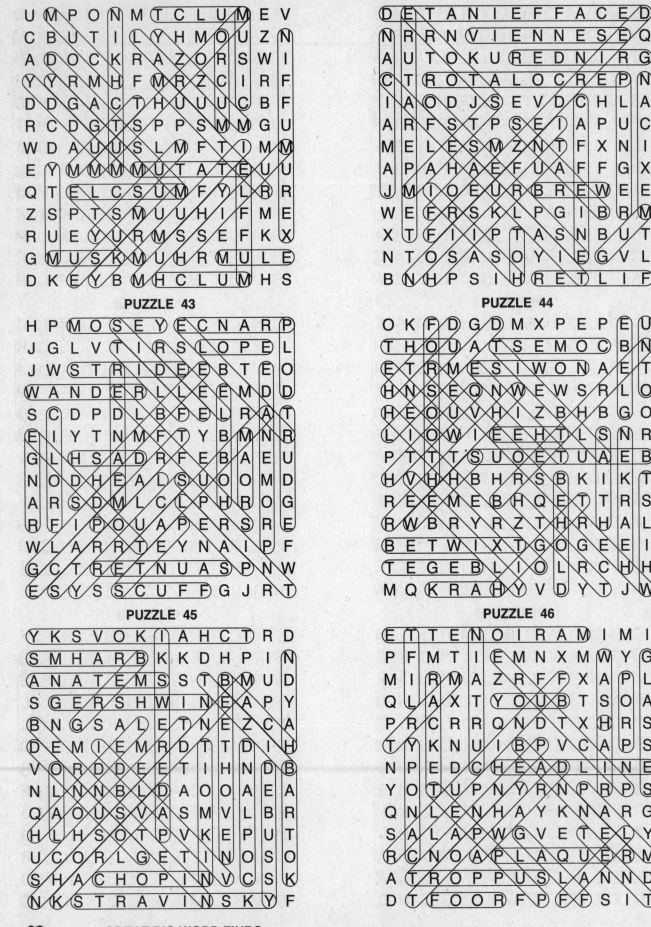

PUZZLE 41

PUZZLE 42

PUZZLE 43

PUZZLE 44

PUZZLE 45

PUZZLE 46

PUZZLE 47

O O B D T A T J L A A V P
I J U F T N U O M K R R M
S U M O W R E S T L I N G
D T U K O K I H S M C O O
N S E R C H O O E S E P H
A I O C D H T M D A F P K
L R J D H N I A E P I I P
S F U B I N K C C P E N B
I B I H I A O K F O L K U
E H S S S N K L Q R D L N
D K T O O N E K O O S J Y
J E N M X U O R O G G Z A
R O Y K O T X H B H Y O N

PUZZLE 48

L F Y Z P J Y N D L W R D
N A E B B I R A C M B Y M
C Z C O N A S F H E X O F
S T S I R U O T A R U D H
T P E N P R A C R N S H O
U S W N E O H C T E P S T
N V A S O E R A E S A O E
O Z T O S C I T R D B M L
C S L L C N E D S N K Y S
O M L Y S A N A N A B I Z
C I D Z M C K W N L E L M
H N W P R I V E R S O W F
S Y R C G D Y A R I N C U

PUZZLE 49

L J D E C L A R E D Q A E
H E E D M I A L C I P Z R
C E A H D Q T F U S G K U
W L F R T N A P E C S O T
I N U E N C O N Y E Z S U
N N T E T N S I F R U T F
R U T S S E W J S N C E A
M L L E T E R O F I L D M
D R W R R K T W D D V E A
E X O O G P A E D I O X Z
O D N F Z R R I S U F P E
F B K W N P R E V E A L E
C Y S T N I H X T H F M W

PUZZLE 50

O K B P I A N O K E Y L U
D S C A R F E F Q S L E K
N H T O L C E L B A T N O
A P N E L S R A W C A V O
M I R A N B C G C T F E B
C A T T P I S R H I R L D
I H T B S K B S C U A O L
K A E T K D I A N S M P R
X A G C R F M N C I E E V
M T I C K E T K N E P T W
H R N Y R X S O S A L S G
B P M A T S Y S P E L I T
B V D N V Y L U R W D P F

PUZZLE 51

A M W I N N E R S N N I G
G M O N E Y O X B V D I O
V U N V Q U A S U F S P F
H M A S L L R F L D I C E
U D G E H E I O C R N T T
A S T N G O O G T B G O W
S T P A I R W S H E E U Y
E O W I S L E G G T R R A
L L N H H H B Z I S S I V
B S O I T C Z M N R Q S D
A W O H S C I G A M L T I
T S R E L A E D C G N S W
D Y L Y T R C A R D S N D

PUZZLE 52

S M I S T Y G G O F B I K
S N G R E L O H A K R A D
T F O E O M K M C Z E R S
O C Z W S S O K P T I L L
R E W O H S S D I Z A Y L
M K N T U U U H Z Y T P O
V C V B D H W L E H H S R
C R M L O A E R U E E I F
W I N D T Z A O N M T W J
N G R E W Y T P A N U K D
I O R R J V H A I L D C P
A X E A U R E V O C H W O
R J Q L Y S R E D N U H T

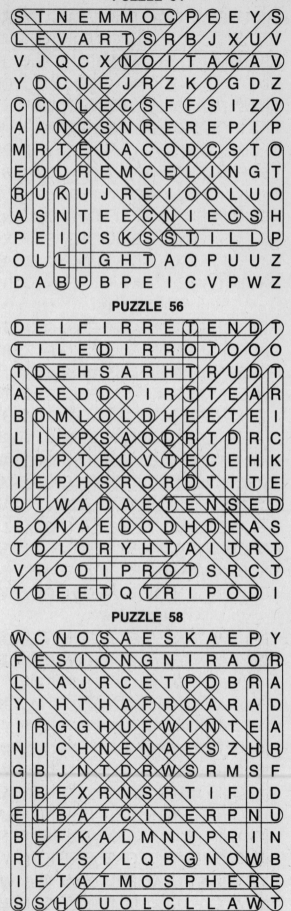

PUZZLE 53

```
Y T I C I R T C E L E K B
S O R A R E L L E P O R P
M K B P Y Y H L O S O X G
P N B T V C X C S F O R F
H O D A D H S P B X U W L
G T N I T I L M Y H B F K
E S R N R T A G T C D L O
D I V E A U E L L T C A D
R Y P R B N Z R G A U G E
K A M W E D F M Y H K C P
Q O D R J W T L R A D A R
R Y I I V H O T N E V K O
M S E V O F A T X V Z N T
```

PUZZLE 54

```
S T N E M M O C P E E Y S
L E V A R T S R B J X U V
V J Q C X N O I T A C A V
Y D C U E J R Z K O G D Z
C C O L E C S F F S I Z V
A A N C S N R E R E P I P
M R T E U A C O D C S T O
E O D R E M C E L I N G T
R U K U J R E I O O L U O
A S N T E E C N I E C S H
P E I C S K S S T I L L P
O L L I G H T A O P U U Z
D A B P B P E I C V P W Z
```

PUZZLE 55

```
Y H R T D E T O H C H S Q
E I G X G E M F H K B E Q
L Y S N X Z V A H T Q R I
L X S G I E I I C O F N G
U S Y G N N A U C H V N V
P O S F K I D R C E I R U
V P T S K O H T N R M N S
G O E O R C I T P V Q M E
G W M P B W I S I A M M F
G E A R S O U H B N R G U
L R I U N S T L O B U T L
I Y X P P T E K C O R P S
V N G I S E D T E G D A G
```

PUZZLE 56

```
D E I F I R R E T E N D T
T I L E D I R R O T O O O
T D E H S A R H T R U D T
A E E D T I R T T E A R I
B D M L O L D H E E T E C
L I E P S A O D R T D R K
O P P T E U V T E C E H K
I E P H S R O R D T T T E
D T W A D A E T E N S E D
B O N A E D O D H D E A S
T D I O R Y H T A I T R T
V R O D I P R O T S R C T
T D E E T Q T R I P O D I
```

PUZZLE 57

```
Q K S D E C U D E R E L F
N O P D L Z I S E H S I D
H F E R N S P M K E A F J
Q V R T C A A D H O M F G
C P F O N N R T S Y O T R
S V U S I E O B T F G B F
E N M R H L U G G A G E T
T R E T C O T Q S C G I E
Q Z A H V H E L T T E S L
L E I P S S A S O O U O T
L N R T M B P S R R E N U
A B B T O O L S E Y V Y O
M E S A E L C R S H O P G
```

PUZZLE 58

```
W C N O S A E S K A E P Y
F E S I O N G N I R A O R
L L A J R C E T P D B R A
Y I H T H A F R O A R A D
I R G G H U F W I N T E A
N U C H N E N A E S Z H R
G B J N T D R W S R M S F
D B E X R N S R T I F D D
E L B A T C I D E R P N U
B E F K A L M N U P R I N
R T L S I L Q B G N O W B
I E T A T M O S P H E R E
S S H D U O L C L L A W T
```

PUZZLE 59

```
P T M E E L D D A S L A O
R E D N I L B C P H L J C
E X X L P L D L I O A G A
D Y T J W U E I A E T J H
D O M H A L T E R M R N S G G
O M C O L L A R M B K I R
F V K R A N P H I O R E M
K T A R G D A Y I T P L T
S E R E D R D N H P S B Y
G O R A N W D G U E M A H
C E A E C M O R B C H T J
N R S T A E C R E I N S N
T S G Q S V K M F P T U M
```

PUZZLE 60

```
S L D A O P S V L L V O F
N I N V V O F O Z G Y S R
U N R E R Q M V V E H X X
A F L I N I M E G V J D Y
H A T E D S A M O S H X J
E V Y A I J Z S D T D U B
O K S X F R T C P J S R D
S Z C Y H O A O L S J A O
M T B C K U S R O V I C D
W Y A N U L M E H E G S K
O L P R O T O N C G S O I
A E G W A H C E E O H S C
Y O Z O N D J F S O R E A
```

PUZZLE 61

```
T N E M E V O M X A Z V X
V C V A G N D C G G O T V
K L O N F N O N N I Q U B
J O B E W G I I I S P G T
A R A U E R R T W U S F
Z T A V A T S F A O Z E O
U N D E S U D R I O M F L
I O L R G H D E P E L E A
S C U R R E N T S U L F S
M K K I D R A F T C L D C
Q D S N D N R T K X E L E
E E B E Z E E R B O A N N
L I A T I R U N N I N G D
```

PUZZLE 62

```
I S T H G I L T O O F E G
G S G N I W B I A Z A P V
C C T M O O B P U F N O P
A U I H H D R A Q S K R K
T F R U G O W R B O O D L
W N X T N I O T I S O K L
A E O J A O L S C E M C V
L S F R D I I E X T O A K
K X L P F L N H S S T B S
P X A U L I X C T U D P A
R R T H U M U R T S O R E
T B S M Y D V O A R U H A
J G X N O U I J P V P F Y
```

PUZZLE 63

```
S J E V E A G E R N E S S
S C H E E R F U L N E S S
E A A N X B J M O H C E T
N B T L L E D I R P N N K
S Y L I R D T V Y P E S I
S O S I S A Q D L M I U W
E L S P A T F T E T L O W
L G E L T H A N J O L V C
T Q A Z M S E C E V U R I
S X C C U T C N T E B E R
E D E R N D G E E I E N W
R V E O M B B U E S O L J
E X C I T E M E N T S N G
```

PUZZLE 64

```
A A D M O Z O E N Q I N T
U V C S I O N I L L I N N
J P A W D O I V T D O T R
I G D U H A L E Z E N X A
E C D S T F E A S L E Y G
C M O S X F I H P A S Z X
R H M D K W R X T W I Y G
S D I C O F B Q K A U B I
E O A N T M A H U R L C O
P L A U O M G J A E S F Q
B Z I V K O J E R I E P Z
I A B E N A K I Q Z D M C
P T G V S J S A A S N A K
```

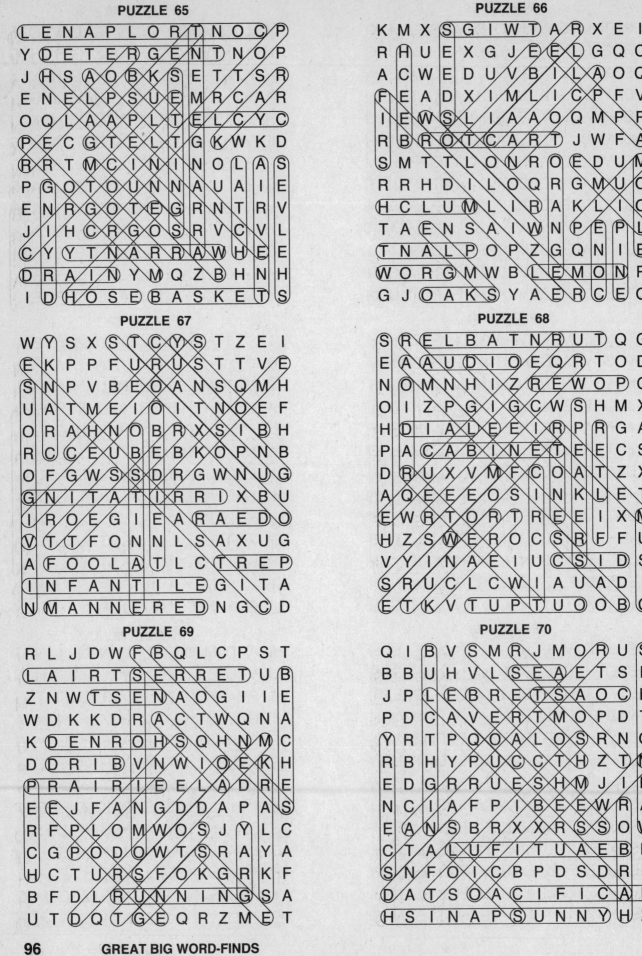

PUZZLE 65

```
L E N A P L O R T N O C P
Y D E T E R G E N T N O P
J H S A O B K S E T T S R
E N E L P S U E M R C A R
O Q L A A P L T E L C Y C
P E C G T E L T G K W K D
R R T M C I N I N O L A S
P G O T O U N N A U A I E
E N R G O T E G R N T R V
J I H C R G O S R V C V L
C Y Y T N A R R A W H E E
D R A I N Y M Q Z B H N H
I D H O S E B A S K E T S
```

PUZZLE 66

```
K M X S G I W T A R X E I
R H U E X G J E E L G Q C
A C W E D U V B I L A O Q
F E A D X I M L I C P F V
I E W S L I A A O Q M P P
R B R O T C A R T J W F A
S M T T L O N R O E D U M
R R H D I L O Q R G M U O
H C L U M L I R A K L I O
T A E N S A I W N P E P L
T N A L P O P Z G Q N I B
W O R G M W B L E M O N R
G J O A K S Y A E R C E O
```

PUZZLE 67

```
W Y S X S T C Y S T Z E I
E K P P F U R U S T T V E
S N P V B E O A N S Q M H
U A T M E I O I T N O E F
O R A H N O B R X S I B H
R C C E U B E B K O P N B
O F G W S S D R G W N U G
G N I T A T I R R I X B U
I R O E G I E A R A E D O
V T T F O N N L S A X U G
A F O O L A T L C T R E P
I N F A N T I L E G I T A
N M A N N E R E D N G C D
```

PUZZLE 68

```
S R E L B A T N R U T Q G
E A A U D I O E Q R T O D
N O M N H I Z R E W O P C
O I Z P G I G C W S H M X
H D I A L E E I R P R G A
P A C A B I N E T E E C S
D R U X V M F C O A T Z X
A Q E E E O S I N K L E T
E W R T O R T R E E I X M
H Z S W E R O C S R F F U
V Y I N A E I U C S I D S
S R U C L C W I A U A D I
E T K V T U P T U O O B C
```

PUZZLE 69

```
R L J D W F B Q L C P S T
L A I R T S E R R E T U B
Z N W T S E N A O G I I E
W D K K D R A C T W Q N A
K D E N R O H S Q H N M C
D D R I B V N W I O E K H
P R A I R I E E L A D R E
E E J F A N G D D A P A S
R F P L O M W O S J Y L C
C G P O D O W T S R A Y A
H C T U R S F O K G R K F
B F D L R U N N I N G S A
U T D Q T G E Q R Z M E T
```

PUZZLE 70

```
Q I B V S M R J M O R U S
B B U H V L S E A E T S L
J P L E B R E T S A O C E
P D C A V E R T M O P D T
Y R T P Q O A L O S R N O
R B H Y P U C C T H Z T M
E D G R R U E S H M J I R
N C I A F P I B E E W R A
E A N S B R X X R S S O W
C T A L U F I T U A E B B
S N F O I C B P D S D R L
D A T S O A C I F I C A P
H S I N A P S U N N Y H Z
```

```
G U A S G E L D M Y U U K
F L E H S V R W O O D L S
T H A H V A A Y L P M N E
F I A S W A R N M A J R D
B P L E S R R B I E U D I S
S D R E S S I N G T T R O S
E D R A O B E D I S Y O D
R I N V L U N N U S A P E
V H A E Q U R R X X H L B
I L R I O U C W K D X E I
N M T R F E O R D R N A D
G N I T I R W G I A I F R
A T E P K A K I T C H E N
```

PUZZLE 72

```
T B M R G Z E D M W B D N
T J I T G Q E J E T Z O V
O F R N Y D O L E M I R A H
F P I E Z E A T E T H E H
Z W M M B C N L A V O T N X
S U C E S O I S L J A E X
X A B G T S I F E A F M N
Y O H N M V N D B M B M P
P N B A O Z L O R S B Q B
W H A R M O N Y I O J L R
G Q P R E I X I D S H Z E
C M B A S S F M G E U C A
I I M H T Y H R E D C F K
```

PUZZLE 73

```
S M M O O R P A M L J X S
G L O P O R T R A I T S X
Q C O W H N W G Q T K Q
T U R O R P N R Z N T W S
J T E O P D E W E Y P X S
W O U E S E E D T R R L E
Z D L K N S I R O A O U C
P N B R T S H T L R M C I F
B M O W E N R A I B E C A F
N O I R K W F O L I N A F
M N P E C I F F O L A V O
G Q E A S T R O O M D O J
H U C N L P G Z U W E U P
```

PUZZLE 74

```
F J K D Y A W G A K S F I
A N A K I H C T E K E A N
R K O N O O G N A L W I H
Z W T M T G G M I D A R E
E O E I E E L V S N R B U
G R U B S R E T E P D A B
A R A J L N N K T X I N E Z
R A B N G A N I L V M K Z T
O B N O A S A B O A F S O
H Y O A E K L D H E T P K
C D N I N I L C H I K Y K
N A X V B E E U A E N U J
A K V A S U N R G B J U S
```

PUZZLE 75

```
S E G G D W A T E R B I P
E R V B F E R S O A R H S
R O H A R S E M P N G P D
U H N G Z I X W N I Y L N
T S T N N C G Z A L K L A
A F M O O I W H O E A E L
E F L L V H G P T R S T S
R O O F I S H N O S V N I
C R C T Y L A C I P O R T
S N E B A R R I E R A E R F
G A A E C Q W R K H F V F
A T N W F P R E T T Y I T
S E M O D N L Z O N F D G
```

PUZZLE 76

```
R N I R E T T A L P G O V
E E D L E I H S D N I W J
T V E E M I R R O R L K M
E I H H E X N I T C D S I U
M T S V S R S F A C E T U F
O A R U U A I S N O S D A P
M R R J V O D F B R P I P
R O C E D Y F G E A C N X
E C L B B E E T N S N E L
H E Q O E N H L E I A D D
T D W P A A I C R E K C H
T L O P V D D W T K H A H
G T S E L C A T C E P S B
```

PUZZLE 77

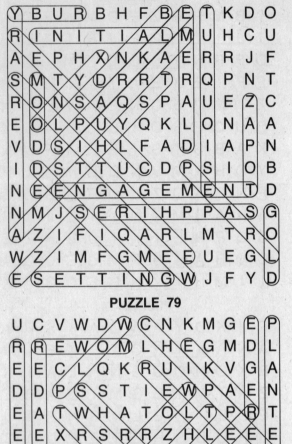

```
Y B U R B H F B E T K D O
R I N I T I A L M U H C U
A E P H X N K A E R R J F
S M T Y D R R T R Q P N T
R O N S A Q S P A U E Z C
E O L P U Y Q K L O N A A
V D S I H L F A D I A P N
I D S T T U C D P S I O B
N E E N G A G E M E N T D
M J S E R I H P P A S G
A Z I F I Q A R L M T R O
W Z I M F G M E E U E G L
E S E T T I N G W J F Y D
```

PUZZLE 78

```
E R E M U S N O C I U E C
N O I T A Z I N A G R O T
I O M B G N I T A E S Y O
Z W I A G A S Z T P G G Y
A H E T R T R D E O R P S
G O J Y A K B D L S T S C
A L P F A T E O E M E R I
M E F R A L N T V N G E H
J S J I G H P E I L D K P
V A S X C G T S S N A R A
C L I E N T U O I E G A R
E E T A O B R W O D R B G
P R O M O T I O N B Q P M
```

PUZZLE 79

```
U C V W D W C N K M G E P
R E W O M L H E G M D L A
E E C L Q K R U I K V G N
D E D P S S T I E W P A E
E A T W H A T O L T P R T
E E X R S R R Z H L E E R
S R O T A R E A T M O T R
U P R M A C T D M K H R E
I S W H X C T I D R L R L
C A T C H E R O O E S V I
M E J E N T M W R N B T A
H V R E P E E W S Q H L R
B L O W E R J H O C G M T
```

PUZZLE 80

```
N I A R T A M A S H E Q G
C S O M E R S A U L T S N
N E T E L H T A E S T U I
M P E R U O E V U R N S W
S O N A E Z E C O S E P S
E R Y K G N R N N N T E X
I Z T K T I G O I A J N E
S G E L C A L T O G L D E
P V F O R J U E H L R A N
I F A M S O R B T O F I B
N C S T R A T S T Y L E P
H A N G A O O Y Y U A D I
G T O P B P F W V Y W D D
```

PUZZLE 81

```
K N Z T M A I L U J Q F R
H J C Z H I U Q J Y F E O
A A A T S C C K H Q L V N
C Q R N Y E B H T L V N A
E A O A E S C L E X Y S E
M M L O S T A N B L O U L
E N I L E U Q C A J L H E
L L N L R N N S Z R I E C
L B E A Y Y O E I L F D A
T E R A G R A M L B N I R
D B A R B A R A E E A T G
C Y D O X M R B I W H H X
T G I C F Y C N A N N A A
```